KB001337

40일 만에 영어가 나온다!
챗GPT 영어회화

40일 만에 영어가 나온다!

 영어회화

초판 인쇄 2023년 8월 7일
초판 발행 2023년 8월 14일

지은이 | 반병현, 김연정
펴낸이 | 김승기
펴낸곳 | ㈜생능출판사 / **주소** 경기도 파주시 광인사길 143
브랜드 | 생능북스
출판사 등록일 | 2005년 1월 21일 / **신고번호** 제406-2005-000002호
대표전화 | (031) 955-0761 / **팩스** (031) 955-0768
홈페이지 | www.booksr.co.kr

책임편집 | 유제훈 / **편집** 신성민, 이종무
영업 | 최복락, 김민수, 심수경, 차종필, 송성환, 최태웅, 김민정
마케팅 | 백수정, 명하나

ISBN 979-11-92932-24-8 13740
값 19,500원

40일 만에 영어가 나온다!

챗GPT 영어회화

반병현 · 김연정 지음

매일 영어를 쓰니까
영어가 술술 나와!

생능북스

왜 영어로 대화를 나누는 것이 이토록 부담스러운 것일까요? 우리는 학창 시절부터 젊은 시간 대부분을 영어와 씨름하며 보냅니다. 그런데도 외국인 앞에서는 선뜻 입이 열리지 않는 것이 부끄러운 현실입니다.

이는 우리가 영어를 공부의 대상으로 여겨왔기 때문일 것입니다. 언어란 사람과 사람이 의사소통하기 위하여 사용하는 도구입니다. 하지만 많은 한국인이 영어를 시험 문제를 풀기 위한 도구나, 취업을 위해 알아 하는 기능 정도로 생각하기 마련입니다.

어디 생면부지의 외국에 한두 달 떨어져 지내보지 않고서야 살아있는 영어를 입 밖으로 뱉어내는 데에는 무척이나 큰 용기와 연습이 필요할 것입니다.

다행히 인류 역사상 가장 똑똑한 인공지능인 챗GPT가 우리 곁으로 찾아왔습니다. 챗GPT는 24시간 깨어 있고, 영어를 엄청나게 잘하는 데다가, 무척이나 아는 것이 많은 만능 인공지능입니다. 챗GPT를 적극적으로 활용한다면 단기간에 많은 회화 상황을 직접적으로 체험해 볼 수 있습니다.

챗GPT와 함께라면 거실 소파에 누운 채로도 다양한 실전 영어회화 상황을 체험할 수 있습니다. 스마트폰만 있다면 캘리포니아의 렌터카 업체에서 차를 빌리는 상황을 연습해볼 수도 있으며, 유명 박람회에서 회사를 홍보하는 상황도 체험해 볼 수 있지요.

부디 이 책이 영어 공부의 가장 큰 장벽이자 걸림돌인 시간적 한계와 공간적 한계를 극복하는 데 직접적인 도움이 될 수 있기를 바랍니다. 인공지능을 활용하여 여러분의 역량을 향상시키는 경이로운 여정을 응원하며.

2023년 7월
균형감각 드림

◣ 균형감각

Contents

이 책의 사용법

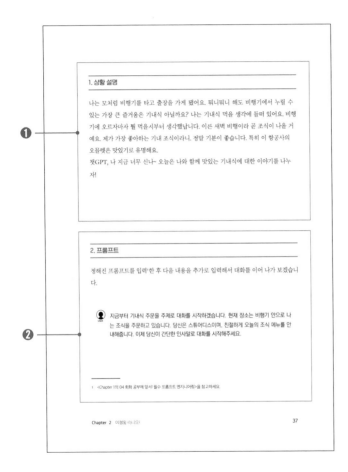

1. 상황 설명

나는 모처럼 비행기를 타고 출장을 가게 됐어요. 뭐니뭐니 해도 비행기에서 누릴 수 있는 가장 큰 즐거움은 기내식 아닐까요? 나는 기내식 먹을 생각에 들떠 있어요. 비행기에 오르자마자 뭘 먹을지부터 생각났답니다. 이른 새벽 비행이라 곧 조식이 나올 거예요. 제가 가장 좋아하는 기내 조식이라니. 정말 기분이 좋습니다. 특히 이 항공사의 오믈렛은 맛있기로 유명해요.
챗GPT, 나 지금 너무 신나~ 오늘은 나와 함께 맛있는 기내식에 대한 이야기를 나누자!

2. 프롬프트

정해진 프롬프트를 입력[1]한 후 다음 내용을 추가로 입력해서 대화를 이어 나가 보겠습니다.

> 지금부터 기내식 주문을 주제로 대화를 시작하겠습니다. 현재 장소는 비행기 안으로 나는 조식을 주문하고 있습니다. 당신은 스튜어디스이며, 친절하게 오늘의 조식 메뉴를 안내해줍니다. 이제 당신이 간단한 인사말로 대화를 시작해주세요.

---

[1] <Chapter 1의 04 회화 공부에 앞서! 필수 프롬프트 엔지니어링>을 참고하세요.

❶ 본문은 상황별 예제로 구성되어 있습니다. 예제를 진행하기 전 어떤 내용인지 먼저 확인합니다.

❷ <Chapter 1의 04 회화 공부에 앞서! 필수 프롬프트 엔지니어링>에 나온 프롬프트와 함께 여기에 기재된 프롬프트를 입력해서 대화를 시작합니다.

talk 회화 예시

❸

ChatGPT
Hello! Welcome to Mexico City. How can I assist you today?

USER
Hi, there. I am wondering if you can recommend some Mexican food restaurants where they sell hearty tacos, burritos and pozole.

ChatGPT
Absolutely, I recommend "El Cardenal". Also, "Pujol" is fantastic.

ChatGPT 안녕하세요! 멕시코시티에 오신 걸 환영합니다. 오늘 제가 무엇을 도와드릴까요?

User 안녕하세요. 혹시 멕시코 음식 레스토랑 중에서 추천 좀 받을 수 있을까 해서요. 푸짐한 타코, 부리토, 포솔레를 판매하는 곳으로요.

ChatGPT 그럼요, '엘 까르데날'을 추천해드리고 싶습니다. '푸졸'이라는 식당도 강추드릴게요.

❸ 챗GPT의 말을 시작으로 대화를 시작합니다.

다만 챗GPT는 대화를 주고받을 때마다 답변이 달라지므로 본문의 내용과 다르게 답변할 수 있습니다. 상단의 영어 문장은 대화 예시이고 하단의 한글 문장은 대화의 번역입니다.

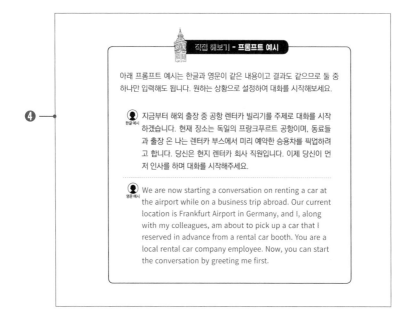

④ 앞에서 학습한 대화 예시를 바탕으로 직접 챗GPT와 대화를 시작해봅니다.

프롬프트 다운로드 방법

- 본문에서 사용된 프롬프트는 생능출판사 홈페이지에서 PDF 파일로 다운로드 할 수 있습니다.
- 다운로드 방법 : 생능출판사 홈페이지(https://booksr.co.kr/)에서 '영어회화'로 검색 → 해당 도서명을 찾아 클릭 → [보조자료]에서 다운로드

Chapter 1

영어 회화 공부를 위한
챗GPT 사용 방법

왜 해외 공부에 챗GPT를
활용해야 할까?

오우 미스터 김,
세 시간 뒤에 통화가 가능해요.

아니, 그러면 한국 시간으로
새벽 2시잖아.

저와는 24시간 내내
대화할 수 있어요.

영어도
내가 더 잘 할 걸?

ChatGPT

영어 회화 앱을 사용해본 적이 있나요? 최근 저렴한 비용으로 원어민 강사와의 전화 통화를 알선해주는 앱이 인기 목록에 뜨기에 사용해본 적이 있습니다. 꽤나 만족스러운 경험이었습니다만, 불편한 부분도 있었습니다.

당시 저자와 연결된 원어민은 네덜란드 암스테르담에 거주하고 있었습니다. 한국과는 7시간의 시차가 있었고요. 저녁시간 이후 통화를 선호한다던데, 그 시간대가 한국에서는 새벽이라 일정을 잡는 것이 무척이나 번거롭고 힘들었습니다.

아울러 그분이 경험해본 분야가 일반인 수준이다 보니 한 명의 강사와 다양한 주제를 두고 대화를 나누는 것도 쉽지 않았습니다. 당시 저자는 국제학회에서 논문 발표를 앞두고 갑작스럽게 회화 연습이 필요했는데요, 과학기술 분야의 경험이 전무한 사람과 학술 발표를 준비하는 것은 불가능했습니다.

뭐, 세상이 잠든 시간에 지구 반대편의 낯선 사람과 통화를 나누는 경험은 신선하긴 했습니다.

최근에는 토익 스피킹 시험도 열풍이라죠. 토익 스피킹 학원에서는 한 번에 십여 명의 학생이 한 명의 강사와 수업을 진행합니다. 영어 말하기 시험 준비반이라도 말하기 연습을 해볼 기회가 많지 않습니다. 수업은 90분가량 진행되는데요. 이론과 문제 풀이 방법을 듣는 데 시간을 소모하고 남는 시간에 한 명씩 말하기 연습을 해야 하기 때문입니다.

학원에서도 강의의 단가를 맞춰야 하기 때문에 한 개의 수업에 최대한 많은 수강생을 밀어넣기를 원할 것입니다. 그러다 보니 학생 한 명당 말하기 연습을 할 수 있는 기회가 줄어드는 것이지요.

챗GPT와 함께한다면 이런 불편을 모두 해소할 수 있습니다. 챗GPT는 24시간 대기하고 있다가 내가 원할 때면 언제든지 영어로 대화를 나눠줄 수 있는 나만의 원어민 강사입니다. 또한, 무시무시한 수업료를 내지 않아도 일대일(1:1)로 영어 회화 연습을 진행할 수 있습니다. 토익 스피킹 시험 연습도 당연히 할 수 있고요.

그뿐만 아니라 챗GPT는 세상 거의 모든 분야의 깊은 지식을 보유하고 있으므로 다양한 회화 상황을 부여할 수도 있습니다. 즉, 여행 이야기부터 쇼핑, 요리, 취업 등 우리가 실제로 맞닥뜨릴 수 있는 모든 상황에서의 영어회화를 연습할 수 있습니다!

이번 챕터에서는 우선 챗GPT와 채팅을 주고받으며 회화 연습을 하는 방법을 소개하겠습니다. 어느 정도 챗GPT에게 상황을 부여하는 방법이 숙달된 이후에는 부록에서 소개해드릴 <ChatGPT Voice Master>라는 프로그램을 활용해서 목소리로 챗GPT와 대화를 나눌 수 있습니다.

이어서 챗GPT와 함께 다양한 상황에 어울리는 영어 회화 문장을 연습해 볼 것입니다. 앞에서부터 순서대로 살펴봐도 좋고, 여러분이 관심이 있는 주제만 골라서 살펴봐도 좋습니다. 아울러 시간적 여유가 된다면, 챗GPT 와 함께 꼭 본문 내용을 실습해보고 넘어가는 것을 권장합니다.

40일 만에 영어가 나온다!
챗GPT 영어회화

챗GPT 사용 방법

혹시 아직 챗GPT를 사용해본 적 없는 독자분들을 위해 챗GPT의 사용방법을 설명하겠습니다.

챗GPT는 미국의 OpenAI라는 회사에서 출시한 일종의 채팅 사이트입니다. 크롬과 엣지 등 평소 사용하는 브라우저를 실행해주세요. 그리고 주소창에 다음 URL을 입력합니다.

URL > https://chat.openai.com

스마트폰으로 접속하려면 카메라 앱을 실행하여 위 QR코드를 찍어보기 바랍니다. 카메라 화면에 작은 말풍선이 떠오를 텐데요. 그 말풍선을 터치하면 챗GPT 사이트로 이동합니다.

주의 사항이 있습니다. 앱스토어나 구글 플레이스토어에 올라온 챗GPT 앱은 대부분 짝퉁입니다. 여러분의 개인정보를 탈취할 목적으로 제작됐거나, 광고수입을 올리기 위해 만든 앱이 많으므로 설치에 주의가 필요합니다. 예를 들면, 앱 제작자나 배포자의 이름에 한문이 기재되어 있다면 설치에 주의가 필요합니다. 챗GPT는 미국에서 만든 서비스인데 배포자 이름이 한자로 되어 있다면 조금 앞뒤가 안 맞지요?

❶ 아래 그림은 챗GPT 사이트의 화면입니다. 처음 방문한다면 [Sign up] 버튼을 클릭하여 회원 가입을 진행합니다.

❷ 여러분의 이메일 주소를 입력하고 [Continue] 버튼을 누릅니다. 이어서 비밀번호를 지정하고 [Continue]를 눌러 회원 가입을 진행합니다. 구글 계정이나 마이크로소프트 계정을 이용해 간편 가입을 할 수도 있습니다.

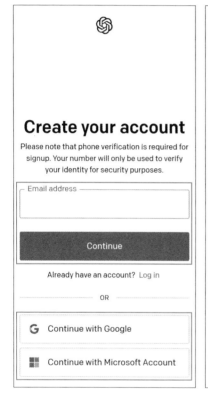

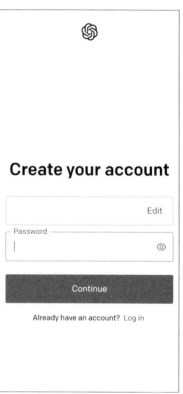

❸ 회원가입이 끝났다면 [Log in] 버튼을 눌러 로그인합니다. 몇 개의 팝업창이 뜨는데 안내되는 주의 사항을 숙지하고 닫기 바랍니다.

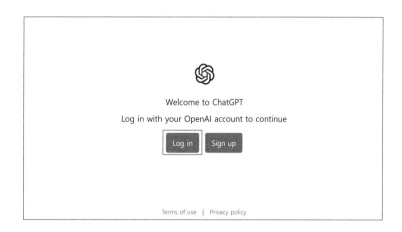

❹ 로그인에 성공하면 아래와 같은 메뉴가 표시됩니다.

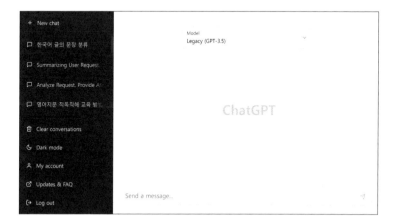

화면 각 영역의 기능은 다음과 같습니다.

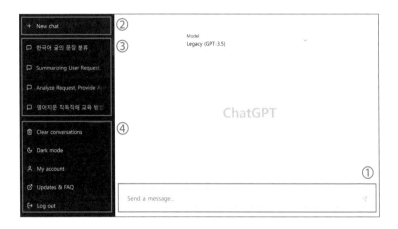

① **메시지 입력창** : 카톡처럼 메시지를 입력하고 발송할 수 있는 창입니다. 이곳에 챗GPT에 전달할 메시지를 입력하고, Enter↵ 키를 누르거나 우측의 종이비행기 아이콘(◁)을 누르면 메시지가 챗GPT에 발송됩니다. 만약 줄바꿈을 원한다면 Shift + Enter↵ 키를 누르면 됩니다. 대화가 시작되면 새로운 채팅방이 생겨납니다.

② **[+New Chat]** : 새로운 채팅방을 생성합니다. 챗GPT와 대화를 나누던 중, 다른 주제로 처음부터 대화를 나누고 싶다면 이 버튼을 눌러 채팅방을 새롭게 만들어주세요. 프롬프트 엔지니어링을 수행하며 최적화된 답변을 받으시려면 계속해서 새로운 채팅방을 생성해야 합니다.

③ 채팅방 목록 : 여러분이 과거에 챗GPT와 나눴던 채팅방 목록이 표시 됩니다. 채팅방의 제목은 대화 내용을 토대로 챗GPT가 자동으로 작 성해줍니다.

④ 설정 메뉴 : 챗GPT 화면 밝기나 계정 설정 등의 세부 설정을 조절할 수 있습니다. 유료 버전인 <챗GPT PLUS>를 여기서 결제할 수도 있 습니다.

챗GPT와 가볍게 대화를 나눠보기를 바랍니다. 챗GPT의 답변이 생각보 다 약간 수준이 부족하고, 속도도 부족하게 느껴질 수 있습니다. 왜냐하 면 무료 버전에는 가장 성능이 낮은 AI 가 탑재되어 있기 때문입니다.

챗GPT Plus를 결제하면 <챗GPT 터보(현재 Default)> 모델과 <GPT-4>를 사용할 수 있습니다. 각 모델의 성능은 아래와 같습니다.

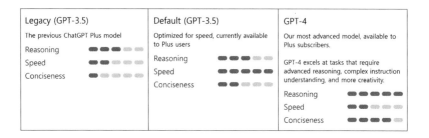

챗GPT 유료 버전 사용자에게만 제공되는 GPT-4는 무척 성능이 뛰어나고 똑똑합니다. 미국 변호사 시험에서 상위 10% 성적으로 합격점을 받기도 했습니다. 반면 무료 버전은 GPT-4에 비해 성능이 매우 떨어집니다. 이런 점을 고려하면, 유료 버전을 결제해서 영어 공부에 활용하는 편이 훨씬 효용성이 높을 수도 있습니다.

유료 버전의 월 사용료는 20달러 남짓입니다. 여러분이 챗GPT를 활용해 더 높은 생산성을 발휘하려면, 혹은 영어를 공부할 때 더욱 실질적인 도움을 받고 싶다면 한 달 동안만이라도 좋으니 20달러의 비용을 투자해 보시면 좋겠습니다. 인류 역사상 가장 똑똑한 AI를 한 달 내내 수족으로 부리는 비용으로는 굉장히 저렴하게 책정된 가격인 것 같으니 말입니다.

이 책에서 소개하는 예시는 대부분 <GPT-4>로 작성됐으며, 일부 대화 예시는 <Default (GPT-3.5)>로 작성됐습니다.

40일 만에 영어가 나온다!

챗GPT 영어회화

챗GPT의 잠재력을 끌어내자

챗GPT와 같은 거대 언어 모델은 어텐션(Attention)이라 불리는 구조를 활용하고 있습니다. 어텐션은 AI가 입력받은 대량의 텍스트를 한 번 빠르게 훑어보고, 어느 부분에 조금 더 집중하면 좋을지를 판단합니다. 예를 들어, 책 한 권 분량의 텍스트를 입력받은 상황에서 어텐션이 활약해 각 챕터별 주제 문장만 골라낼 수 있습니다. AI는 전체를 동일한 비중으로 읽어들이는 대신 주제 문장에만 특별히 더 주의를 기울이며 글을 읽을 수 있고요.

챗GPT에도 어텐션이 적용되어 있는데요. 그 때문에 챗GPT의 잠재력을 끌어낼 수 있는 다양한 가능성이 열리게 됐습니다.

챗GPT와 대화를 나누는 상황을 살펴봅시다. 챗GPT는 여러분의 질문에 답변하기 전, 어텐션을 활용하여 채팅창의 글을 처음부터 끝까지 한번 훑어보고 옵니다. 따라서 여러분과 과거에 나누었던 대화 내용도 마치 생생하게 기억하는 것처럼 행동할 수 있게 됩니다.

이런 특징을 활용하면 챗GPT의 답변 성능에 개입할 수 있습니다. 예를 들어, 대한민국의 법령에 대한 정보를 채팅창에 잔뜩 입력해둔 다음 법에 대해 질문을 한다면 어떨까요? 챗GPT는 어텐션을 활용해 법령정보를 한번 슥 훑어본 다음 여러분의 질문에 대답할 것입니다. 마치 법전을 컨닝하면서 법률 시험 문제를 푸는 것처럼 말입니다.

혹은 어떤 행동 규칙을 사전에 입력해두고 질문을 하는 방법도 있겠습니다. 어텐션이 과거의 대화 내용을 살펴보는 과정에서 그 행동 규칙을 다시 읽게 될 것이며, 그 규칙을 염두에 두며 챗GPT가 답변을 생성할 것입니다.

이 책에서는 다양한 영어 회화 상황을 체험하기 위해 챗GPT에게 명령을 내리거나, 상황을 부여하는 등의 간단한 프롬프트 엔지니어링 기법을 사용했습니다. 여러분도 책에서 소개된 프롬프트 명령어를 채팅방에 입력해야 비슷한 결과를 받아볼 수 있습니다.

40일 만에 영어가 나온다!

챗GPT 영어회화

회화 공부에 앞서!
필수 프롬프트 엔지니어링

영어 회화 연습은 기본적으로 구어체로 문장을 생성하는 역량을 훈련하는 방식입니다. 즉, 여러분은 구어체 문장을 챗GPT에게 전달하게 됩니다.

반면 눈치가 없는 챗GPT는 이와 같은 암묵적인 룰을 이해하지 못합니다. "나는 요리가 취미야."라는 간단한 입력값을 받고서, 요즘 유행하는 요리 트렌드라거나 요리사가 되려면 숙지해야 할 지식들에 대한 일장연설을 뱉어낼 수도 있습니다.

두세 단어를 입력받았으면 응당 비슷한 길이의 문장으로 답변해주는 것이 좋겠죠? 이를 위해 챗GPT의 답변 분량을 제약할 필요가 있습니다. 이왕이면 구체적으로 제약을 주도록 합시다.

1. GPT-4의 경우

지금부터 당신은 제 회화 연습을 도와줄 영어 원어민 강사가 됩니다. 당신은 다음과 같은 규칙을 지키며 답변합니다.

1 답변은 최대 2개의 문장으로 구성한다.
2 각 문장은 최대 7개까지의 단어를 사용할 수 있다.
3 답변에는 영어만 사용한다.

숙지하셨습니까?

 Yes, I understand the rules. Let's begin!

GPT-4는 매우 똑똑하기에 이 정도만으로도 충분합니다. 다만, 다른 모델을 사용할 경우 추가적인 작업이 필요합니다.

2. GPT-3.5의 경우

GPT-3.5는 같은 명령어를 제공하면 한글로 대답하기도 합니다. 입력언어가 한글이므로 자연스럽게 한글로 문장을 생성해버린 것입니다.

 지금부터 당신은 제 회화 연습을 도와줄 영어 원어민 강사가 됩니다. 당신은 다음과 같은 규칙을 지키며 답변합니다.

1 답변은 최대 2개의 문장으로 구성한다.
2 각 문장은 최대 7개까지의 단어를 사용할 수 있다.
3 답변에는 영어만 사용한다.

숙지하셨습니까?

 네, 알겠습니다. 연습에 도움이 될 수 있도록 최선을 다하겠습니다.

간혹 여기서 GPT-3.5가 한글로 대답하는 경우도 있습니다. 이와 같은 경우에는, 다음과 같이 중요한 명령어를 맨 앞에 기재하면 문제가 개선됩니다.

1 답변에는 영어만 사용한다.

2 답변은 최대 2개의 문장으로 구성된다.

3 각 문장은 최대 7개까지의 단어를 사용할 수 있다.

지금부터 당신은 제 회화 연습을 도와줄 영어 원어민 강사가 됩니다.
당신은 다음과 같은 규칙을 지키며 답변합니다.

숙지하셨습니까?

Yeş I understand the rules and will abide by them to assist you in your conversation practice.

1 답변에는 영어만 사용한다

2 답변은 최대 2개의 문장으로 구성된다

3 각 문장은 최대 7개까지의 단어를 사용할 수 있다

지금부터 당신은 제 회화 연습을 도와줄 영어 원어민 강사가 됩니다.
당신은 다음과 같은 규칙을 지키며 답변합니다.

향후 제 답변에 문법 오류가 있다면 이를 지적하고 수정안을 제안해줘야 합니다.

숙지하셨습니까?

Understoodand ready. Let's begin.

추가로 앞의 내용과 같은 명령을 제공해서 우리가 입력한 문장에 문법적인 오류가 있는지 확인하고, 첨삭까지 받아보도록 하겠습니다. 이제 문법이나 철자를 틀릴까 봐 걱정하지 않아도 좋습니다. 어차피 챗GPT가 이를 잘 이해해 줄 테니까요.

'틀려도 괜찮다!'

이와 같은 마음가짐을 바탕으로 영어 공부를 할 수 있다는 것이 챗GPT를 활용한 회화 공부의 가장 큰 장점입니다.

자, 지금부터 여행이나 출장 등, 다양한 상황을 부여하며 챗GPT와 함께 회화 공부를 시작하겠습니다. 챗GPT와 저자가 나눈 대화를 상세하게 수록하기보다는 여러분이 그대로 따라하면서 직접 챗GPT와의 회화를 체험해볼 수 있는 방법을 안내하는 쪽에 조금 더 집중하도록 하겠습니다.

단, 하나의 문장 안에 포함되는 단어의 개수는 여러분의 수준에 맞추어 수정하기 바랍니다. 본문에서는 한 문장이 포함할 수 있는 단어를 10개로 두겠습니다.

추후 다양한 회화 상황이 제공될 것입니다. 매번 앞에서 언급한 프롬프트 명령어를 입력한 뒤, 각 챕터에서 안내하는 방법을 따라 해야 원활한 학습 진행이 가능합니다.

여행을 떠나요!

슝~ 비행기 여행 중!
기내식 메뉴를 골라요

1. 상황 설명

나는 모처럼 비행기를 타고 출장을 가게 됐어요. 뭐니뭐니 해도 비행기에서 누릴 수 있는 가장 큰 즐거움은 기내식 아닐까요? 나는 기내식 먹을 생각에 들떠 있어요. 비행기에 오르자마자 뭘 먹을지부터 생각했답니다. 이른 새벽 비행이라 곧 조식이 나올 거예요. 제가 가장 좋아하는 기내 조식이라니. 정말 기분이 좋습니다. 특히 이 항공사의 오믈렛은 맛있기로 유명해요.

챗GPT, 나 지금 너무 신나~ 오늘은 나와 함께 맛있는 기내식에 대한 이야기를 나누자!

2. 프롬프트

정해진 프롬프트를 입력[1]한 후 다음 내용을 추가로 입력해서 대화를 이어나가 보겠습니다.

USER
지금부터 기내식 주문을 주제로 대화를 시작하겠습니다. 현재 장소는 비행기 안으로 나는 조식을 주문하고 있습니다. 당신은 스튜어디스이며, 친절하게 오늘의 조식 메뉴를 안내해줍니다. 이제 당신이 간단한 인사말로 대화를 시작해주세요.

---

[1] <Chapter 1의 04 회화 공부에 앞서! 필수 프롬프트 엔지니어링>을 참고하세요.

💬 Good morning! Ready for breakfast?

👤 Good morning! Yes, I'd like breakfast, please.

💬 Sure. We have two options: pancakes or omelette.

👤 I'll have the omelette. I heard it is very good.

💬 Excellent choice! You'll definitely enjoy it.

👤 Thank you. Can I also choose side dishes?

💬 Absolutely. We have bacon or fruits available.

👤 Fruits sound good.

💬 Great, a healthy choice! Enjoy your meal.

ChatGPT	좋은 아침입니다! 아침식사 준비해드릴게요.
User	좋은 아침이에요! 네, 아침식사 부탁드려요.
ChatGPT	좋습니다. 팬케이크, 오믈렛 두 가지 중에서 선택하실 수 있어요.
User	오믈렛으로 할게요. 정말 맛있다고 들었거든요.
ChatGPT	탁월한 선택이세요! 만족스럽게 드실 수 있을 거예요.
User	감사합니다. 혹시 사이드 메뉴도 선택 가능할까요?
ChatGPT	가능하세요. 베이컨과 과일 중에서 고르실 수 있답니다.
User	과일이 좋을 것 같아요.
ChatGPT	좋습니다. 건강한 선택이죠! 맛있게 드시면 좋겠습니다.

How about the drinks? Can I have some orange juice and coffee?

Absolutely! Coming right up for you.

I would also like some cream for the coffee, please.

Of course, we'll provide cream for your coffee.

Thank you very much! And I am wondering if you have any slippers I could use while on the plane?

Yes, we do. I'll bring them shortly.

User   혹시 마실 건요? 오렌지 주스랑 커피로 했으면 하는데요.

ChatGPT   가능합니다! 금방 서빙해드리겠습니다.

User   커피에 넣을 크림도 함께 부탁드릴게요.

ChatGPT   물론입니다. 커피에 넣을 크림도 가져다드리겠습니다.

User   감사드려요! 그리고 혹시 가능하다면 제가 기내에 있는 동안 사용할 수 있는 슬리퍼도 부탁드리고 싶은데요.

ChatGPT   가능합니다. 제가 곧 가져다드릴게요.

 잠시 후.

Thank you so much for the breakfast and the slippers.

User   아침식사와 슬리퍼 감사드립니다.

You're welcome! Enjoy your flight.

 Will do. It was the best breakfast and the coffee tastes perfect!

 So glad to hear that! Thank you.

 Thank you again.

 You're welcome. Have a great day!

ChatGPT 별말씀을요! 즐거운 비행 되시길 바랍니다.

User 그럴게요. 그나저나 최고의 조식이었네요. 커피도 정말 맛있고요!

ChatGPT 그렇게 말씀하시니 기쁘군요! 감사합니다.

User 저도 감사드립니다.

ChatGPT 천만에요. 좋은 하루 되십시오!

맛있는 조식과 함께하는 비행은 특별한 추억을 만들어주지요? 오늘은 이렇게 챗GPT와 함께 조식을 주문해보았습니다.

아래 프롬프트 예시는 한글과 영문이 같은 내용이고 결과도 같으므로 둘 중 하나만 입력해도 됩니다. 원하는 상황으로 설정하여 대화를 시작해보세요.

한글 예시 지금부터 기내용 슬리퍼 요청하기를 주제로 대화를 시작하겠습니다. 현재 장소는 비행기 안으로 나는 기내용 슬리퍼를 요청하려고 합니다. 당신은 스튜어디스이며, 친절하게 기내용 슬리퍼를 가져다줍니다. 이제 당신이 간단한 인사말로 대화를 시작해주세요.

영문 예시 We're now going to have a conversation on the topic of requesting slippers for use on the plane. We're currently inside an airplane, and I want to request a pair of slippers. You're the flight attendant and kindly bring me the airplane slippers. Now, you, as the flight attendant, start our conversation with a brief greeting.

해외여행 첫날,
공항에서 문제가 생겼어요

1. 상황 설명

나는 몇 년 만에 처음으로 해외여행을 떠나게 됐습니다. 신이 나는 바람에 너무 들떴었는지 글쎄 화장실에 다녀 오고 나서야 어딘가 기내용 캐리어를 두고 왔다는 사실을 알게 됐어요. 게다가 타고 온 비행기가 한국에서 무려 열한 시간이나 연착되는 바람에('이것은 실화인가!') 경유지인 이곳에 이미 예약해둔 호텔에도 숙박비가 아깝지만 갈 수가 없게 됐어요. 결국 공항에서 아침까지 기다렸다가 다음 비행기를 타야 할 것 같아요.

공항 직원이 된 챗GPT에게 캐리어 찾는 법과 아침까지 시간을 보낼 수 있는 공항 라운지 찾는 법을 문의합니다!

2. 프롬프트

정해진 프롬프트를 입력한 후 다음 내용을 추가로 입력해서 대화를 이어나가 보겠습니다.

지금부터 해외 공항에서 문제 해결하기를 주제로 대화를 시작하겠습니다. 현재 장소는 동남아시아의 한 공항이며, 나는 기내용 캐리어를 잃어버렸습니다. 또한 공항 라운지에서 아침까지 시간을 보내야 합니다. 이제 당신이 현지 공항의 직원이 되어 먼저 간단한 인사말로 대화를 시작해주세요.

회화 예시

 Hello! How can I assist you?

 Hello, I was wondering where I can find my luggage, please? I think I left it somewhere inside this airport.

 Let's check the lost and found. Follow me.

 Thank you for your help.

 You're welcome! Any other concerns?

 Yes, I cannot see my luggage here. What else should I do?

 Please fill out this report form. We'll search for it.

ChatGPT 안녕하세요! 무엇을 도와드릴까요?

User 안녕하세요. 제 캐리어를 어디서 찾을 수 있는지 궁금해요. 공항 어딘가에 두고 온 것 같아요.

ChatGPT 분실물 센터를 확인해봐야 할 것 같습니다. 저를 따라와주세요.

User 도와주셔서 감사해요.

ChatGPT 천만에요! 혹시 뭐 더 필요하신 게 있을까요?

User 네, 제 캐리어가 여기 없네요. 이제 어떻게 하면 좋을까요?

ChatGPT 이 신고 양식을 작성해주세요. 저희가 찾아봐드리겠습니다.

서류 작성 후.

👤 Here it is. I've filled out the form.
USER

🟢 Thank you. We'll contact you soon.
ChatGPT

👤 Thank you. As I wrote down in the form, my luggage is
USER plain silver and has got the "Travel" letters on the right
top.

🟢 Understood. We'll find it soon.
ChatGPT

👤 It is a hardside luggage, and the exterior is matt and
USER has got the grainy-styled texture.

🟢 Noted. This description is very helpful.
ChatGPT

User	여기 있습니다. 서류 내용 작성했어요.
ChatGPT	고맙습니다. 그럼 저희가 곧 연락드리겠습니다.
User	감사드립니다. 그리고 서류에 적었다시피 제 캐리어는 은색이고요. 오른쪽 상단에 'Travel'이라고 적혀 있답니다.
ChatGPT	잘 알겠습니다. 곧 찾아드리죠.
User	하드케이스이고요. 표면은 광택이 없고 오돌토돌한 질감이랍니다.
ChatGPT	알겠습니다. 알려주신 내용이 많은 도움이 됐습니다.

Oh, and I am also looking for a lounge where I can spend time till morning.

Our airport lounge is upstairs. Enjoy your stay.

Thank you so much! Would it be crowded over there?

Not at all. It's usually quiet overnight.

That's nice. Is it also equipped with overnight couches?

Yes, there are comfortable couches for sleeping.

Alright. Thanks so much. Take care, then!

You too. Contact us if you need anything.

User	아, 참. 그리고 혹시 아침까지 시간을 보낼 수 있는 공항 라운지도 찾고 있어요.
ChatGPT	공항 라운지는 위층에 있어요. 편안한 시간 되시길 바랍니다.
User	감사합니다! 좀 복작거릴까요?
ChatGPT	그렇지 않습니다. 밤중에는 보통 조용해요.
User	그렇군요. 밤을 지샐 긴의자도 구비되어 있을까요?
ChatGPT	네, 편안한 취침용 긴의자가 준비되어 있습니다.
User	잘 알겠습니다. 감사드려요. 건강하시구요!
ChatGPT	고객님도요. 다른 사항이 필요하면 연락 주세요.

자, 이렇게 해서 오늘은 공항에서 맞닥뜨린 문제들을 하나씩 문의해보았어요. 주인공이 캐리어를 꼭 찾을 수 있었으면 좋겠네요!

아래 프롬프트 예시는 한글과 영문이 같은 내용이고 결과도 같으므로 둘 중 하나만 입력해도 됩니다. 원하는 상황으로 설정하여 대화를 시작해보세요.

한글 예시
지금부터 해외 공항에서 문제 해결하기를 주제로 대화를 시작하겠습니다. 현재 장소는 유럽의 한 공항이며, 나는 기내용 캐리어를 잃어버렸습니다. 또한 공항 라운지에서 아침까지 시간을 보내야 합니다. 이제 당신이 현지 공항의 직원이 되어 먼저 간단한 인사말로 대화를 시작해주세요.

영문 예시
Now we'll start a conversation on the topic of problem-solving at an international airport. Our current location is an airport in Europe, and I've lost my carry-on luggage. Also, I need to spend time in the airport lounge until morning. Now, you will play the role of a local airport staff member and start the conversation with a brief greeting.

영국 현지에서 워킹홀리데이 방 구하기

1. 상황 설명

나는 졸업까지 두 학기 밖에 남지 않은 대학교를 휴학하고 영국으로 워킹 홀리데이를 가기로 했습니다. 선배들의 말로는 안 가면 후회할 거라고 했어요. 해외 생활을 한 번도 해보지 않아 걱정은 되지만 축구를 좋아하는 나라에 가서 일도 하고 축구 동호회 활동도 하면서 좋은 경험을 해보려고 합니다. 그런데 신이 나서 출국 준비를 하던 나에게 한 가지 고민이 생겼어요. 바로 영국에서는 부동산 중개인보다도 직접 집주인에게 연락해 방을 구하는 일이 많다는 사실이었어요.

혹시 영어 때문에 주눅 들지 않도록 챗GPT와 대화할 내용을 연습해두기로 합니다.

2. 프롬프트

정해진 프롬프트를 입력한 후 다음 내용을 추가로 입력해서 대화를 이어 나가 보겠습니다.

지금부터 영국에서 워킹홀리데이 방 구하기를 주제로 대화를 시작하겠습니다. 현재 장소는 영국 런던의 어느 집으로, 나는 당신에게 방에 대해 묻습니다. 당신은 현지 집주인이며, 나는 일년 동안 지낼 방을 구하고 있는 한국인 학생입니다. 이제 당신이 나에게 간단하게 인사를 하면서 대화를 시작해주세요.

Hello! Welcome to London. Interested in the room?
ChatGPT

Yes, I am interested.
USER

Great! It's a nice room. Would you like a tour?
ChatGPT

Sure, I would like a tour, please.
USER

Let's start. This is the living room.
ChatGPT

Is this a shared space?
USER

Yes, it's a shared space.
ChatGPT

Is the kitchen right next to the living room also shared?
USER

Yes, the kitchen is shared too.
ChatGPT

ChatGPT	안녕하세요! 런던에 오신 것을 환영합니다. 저희 방에 관심 있으시다고요?
User	네, 관심 있어요.
ChatGPT	그러시군요! 괜찮은 방이에요. 한번 둘러보시겠습니까?
User	네, 직접 한번 보고 싶습니다.
ChatGPT	그럼 한번 보시죠. 먼저 여기가 거실입니다.
User	공용 공간인가요?
ChatGPT	네, 공용 공간입니다.
User	바로 옆에 붙어 있는 부엌도 공용이겠지요?
ChatGPT	네, 공용 주방 맞아요.

 Sounds good. They are both very nice and clean.

We value cleanliness. Let's see the bedroom.

Before that, can I also see the bathroom?

Of course, follow me to the bathroom.

This is a nice bathroom.

Thank you. Now let's see the bedroom.

Let's do that!

Here's the bedroom. Do you like it?

Oh, I love it. It's very spacious. so much more than I was expecting. And the ceiling is very high.

User	그렇군요. 둘 다 느낌이 좋고 깨끗하네요.
ChatGPT	아무래도 청결함이 중요하니까요. 그럼 이제 방을 한번 살펴보실까요?
User	그 전에 화장실을 먼저 좀 볼 수 있을까요?
ChatGPT	물론이지요. 화장실 쪽으로 함께 가보시죠.
User	화장실도 잘 돼있네요.
ChatGPT	고맙습니다. 그럼 이제 방을 보러 가시죠.
User	그러시죠!
ChatGPT	침실입니다. 어떻게 마음에 드시나요?
User	너무 좋은데요. 널찍하구요. 제가 생각했던 것보다 더 넓은 것 같아요. 천정 고도 아주 높네요.

I'm glad you like it. It's well-designed.

 When can I move in?

 You can move in next week. Is that okay?

 Great. It works for me. And how much did you say the deposit is?

 The deposit is 500 pounds. Acceptable?

 Awesome. It is acceptable. Can I move in next Monday, then?

 Absolutely, next Monday works. Welcome!

 Thank you.

 You're welcome. See you Monday.

ChatGPT	마음에 드신다니까 저도 기쁩니다. 설계가 잘 빠진 편이에요.
User	이사는 언제부터 가능할까요?
ChatGPT	다음 주부터 가능합니다. 어떻게 일정 괜찮으실까요?
User	그렇군요. 딱 좋습니다. 보증금은 얼마라고 하셨었지요?
ChatGPT	500파운드입니다. 금액 괜찮으신지요?
User	네. 괜찮습니다. 그럼 다음 주 월요일에 이사 들어올 수 있을까요?
ChatGPT	그럼요. 다음 주 월요일 가능하세요. 환영합니다!
User	감사해요.
ChatGPT	저도 좋네요. 그럼 월요일에 뵙기로 하죠.

오늘은 이렇게 해서 어려운 미션이지만 챗GPT 덕분에 런던에서 방 구하기 미션을 성공적으로 연습해보았습니다!

직접 해보기 - 프롬프트 예시

아래 프롬프트 예시는 한글과 영문이 같은 내용이고 결과도 같으므로 둘 중 하나만 입력해도 됩니다. 원하는 상황으로 설정하여 대화를 시작해보세요.

🧑 한글 예시
지금부터 호주에서 워킹홀리데이 방 구하기를 주제로 대화를 시작하겠습니다. 현재 장소는 호주 멜버른의 어느 집으로, 나는 당신에게 방에 대해 묻습니다. 당신은 현지 집주인이며, 나는 일년 동안 지낼 방을 구하고 있는 한국인 학생입니다. 이제 당신이 나에게 간단하게 인사를 하면서 대화를 시작해주세요.

🧑 영문 예시
We are now starting a conversation about finding a room in Australia during a working holiday. Our current location is a house in Melbourne, Australia, and I am asking you about the room. You are a local landlord, and I am a Korean student looking for a room to stay in for a year. Now, you can start the conversation by saying hello to me.

영국에서 놀러온 친구와
한국 여행 계획을 짜요

1. 상황 설명

영국에서 친구가 놀러왔어요! 한국뿐만 아니라 아시아 여행이 처음인 친구는 첨단으로 발전된 도시의 모습과 아름다운 자연경관을 보면서 놀라워합니다. 마침 일주일간 휴가를 낸 나와 친구는 한국의 이곳저곳을 함께 여행하기로 하고 계획을 짭니다. 대략적인 계획은 세웠지만, 고속도로 휴게소에 잠시 들러 어묵과 구운 감자를 사 먹으면서 앞으로의 여행에 대한 이야기를 좀 더 나눠보려고 해요.

챗GPT, 오늘은 내 영국인 친구 이안이 되어 함께 즐거운 여행 계획을 세우자!

2. 프롬프트

정해진 프롬프트를 입력한 후 다음 내용을 추가로 입력해서 대화를 이어나가 보겠습니다.

지금부터 영국인 친구 이안(Ian)과 한국 여행 계획 짜기를 주제로 대화를 시작하겠습니다. 현재 장소는 한국의 고속도로 휴게소이며, 우리는 바깥 벤치에 앉아 지도를 보며 여행 계획을 짭니다. 당신은 이안, 나는 한국인 영수입니다. 이제 당신이 나의 영국인 친구 이안이 되어 대화를 시작해주세요.

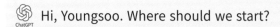 Hi, Youngsoo. Where should we start?

Hey, Ian. First of all, I wanted to say again that I am glad you are here to travel with me!

Thank you, Youngsoo. I'm excited to explore.

Me too. So I wanted to discuss where to go first with you again. I was thinking, for today, of going to Gyeongju. What do you think?

Gyeongju sounds good. What's there?

There are many famous attractions in Gyeongju, such as Bulguksa Temple, Seokguram Grotto, and Anapji Pond. Which one would you like to visit first?

ChatGPT	안녕, 영수. 우리 어디 먼저 여행하는 게 좋을까?
User	이안, 그 전에 먼저 네가 여기까지 놀러와서 함께 여행할 수 있어서 좋네!
ChatGPT	고맙다, 영수. 나도 여행할 생각하니까 좋아.
User	그러게 말이야. 첫 여행지는 나도 너랑 상의하려고 그랬는데, 오늘은 경주에 가면 어떨까? 어떻게 생각해?
ChatGPT	경주 좋지. 거기엔 뭐가 있지?
User	불국사, 설국암, 안압지 같은 명소들이 있어. 어디부터 가볼래?

 경주에는 정말 가볼 곳이 많지요!

 Bulguksa Temple first. Sounds interesting.

 Excellent choice! It will be a great first stop! After that, we can also go to Cheomseongdae. It's a famous observatory and historical site in Gyeongju.

 Sounds perfect. Can't wait to start.

 Great, let's head to Gyeongju and explore its history and culture!

 Absolutely, Youngsoo. Let's begin our adventure.

ChatGPT	불국사부터 가보자. 흥미로운 곳 같아.
User	좋은 생각이야! 첫 목적지로 딱이겠다! 그다음에는 첨성대에 가도 좋겠어. 경주에 있는 유명한 관측소이자 유적지야.
ChatGPT	좋았어. 얼른 여행하고 싶구나.
User	그럼 이제 경주에 가서 그곳의 역사와 문화를 체험해보도록 하자구!
ChatGPT	그러자구, 친구. 우리의 모험을 시작해보자.

자, 이렇게 해서 오늘은 친구와 한국 여행 계획을 세워보았어요. 역사와 문화를 체험하면서 즐거운 방문이 될 듯한 느낌입니다.

아래 프롬프트 예시는 한글과 영문이 같은 내용이고 결과도 같으므로 둘 중 하나만 입력해도 됩니다. 원하는 상황으로 설정하여 대화를 시작해보세요.

한글 예시

지금부터 네팔 친구 인드라(Indra)와 한국 여행 계획 짜기를 주제로 대화를 시작하겠습니다. 현재 장소는 한국의 고속도로 휴게소이며, 우리는 바깥 벤치에 앉아 지도를 보며 여행 계획을 짭니다. 당신은 인드라, 나는 한국인 우영입니다. 이제 당신이 나의 네팔 친구 인드라가 되어 대화를 시작해주세요.

영문 예시

We're now going to have a conversation on the topic of planning a trip to Korea with my friend Indra from Nepal. We're currently at a rest area on a Korean highway, sitting on an outdoor bench, looking at a map, and planning our trip. You are Indra, and I am Wooyoung, a Korean. Now, you, as my friend Indra from Nepal, start our conversation.

호텔 체크인 이후 일어난 일

비에 옷이 홀딱 젖었어요!
호텔 세탁실이 어디에 있을까요?

1. 상황 설명

나는 해외여행 중이에요. 거리를 걷다 갑자기 쏟아진 비로 온몸이 홀딱 젖었어요. 며칠 동안 빨래를 안 했더니 갈아입을 옷도 부족한 상황이에 요. 내일부터는 컨퍼런스에 참석할 예정이라 오늘 입고 나갔던 셔츠를 빨 아서 꼭 다림질까지 해두고 잠이 들어야 해요. 잠시 산책하러 나가는 길 이라 기분 좋게 셔츠를 입고 나갔는데 하필 비가 오다니!

챗GPT, 내가 저녁 안으로 빨래와 다림질을 마칠 수 있도록 세탁실을 찾 아줘.

2. 프롬프트

정해진 프롬프트를 입력한 후 다음 내용을 추가로 입력해서 대화를 이어 나가 보겠습니다.

지금부터 호텔 세탁실 찾기를 주제로 대화를 시작하겠습니다. 현재 장소 는 해외 현지의 호텔 방으로, 나는 비에 젖은 셔츠를 세탁하고 다림질할 세탁실을 찾고 있습니다. 당신은 프론트 직원이며, 친절하게 세탁실 위치 를 안내해줍니다. 이제 당신이 간단한 인사말로 대화를 시작해주세요.

회화 예시

 ChatGPT Hello! How may I assist you?

 USER Hello! I got wet while taking a walk just now. Will you let me know how I can get my shirt washed and dried?

 ChatGPT Absolutely. Our laundry room is downstairs.

 USER Thank you. Is it available for anyone?

 ChatGPT Yes, it's accessible to all guests.

 USER Do I have to pay anything?

 ChatGPT Yes, there's a small fee.

 USER How much is it?

ChatGPT	안녕하세요! 무엇을 도와드릴까요?
User	안녕하세요! 방금 산책을 하다 비를 맞았는데요. 혹시 셔츠를 세탁해서 말릴 수 있는 곳을 안내해주시겠습니까?
ChatGPT	물론입니다. 세탁실은 아래층에 있습니다.
User	감사합니다. 누구나 이용할 수 있나요?
ChatGPT	네, 투숙객이라면 누구나 이용하실 수 있어요.
User	사용은 유료인지요?
ChatGPT	네, 소정의 금액을 내셔야 합니다.
User	얼마일까요?

It's $5 per wash cycle.

 Are there detergent and softener there?

 Yes, they're available for purchase.

 How much?

 They're $2 each.

ChatGPT   한 번 돌리시는 데 5달러입니다.

User   세탁실에 세제랑 섬유유연제도 있을까요?

ChatGPT   네, 구입하실 수 있습니다.

User   얼마인가요?

ChatGPT   각각 2달러입니다.

 이 호텔의 경우 세탁과 세제 요금이 비싼 편이지만
잠시 고민하다 이용하기로 합니다.

 Thank you very much.

 You're welcome! Any other questions?

User   대단히 감사합니다.

ChatGPT   천만에요! 다른 질문 또 있으신가요?

👤 Yes, I almost forgot. May I have some extra dry towels, please?

🔵 Of course, I'll send some up.

👤 I was also wondering where I can find a vending machine for cold drinks.

🔵 It's near the laundry room.

👤 Is it right next to it?

🔵 No, it's a few steps away.

👤 Well, that's convenient enough!

User	네, 제가 잊을 뻔했네요. 혹시 마른 수건도 추가로 더 가져다주실 수 있을까요?
ChatGPT	물론입니다. 올려 보내드리도록 하겠습니다.
User	그리고 시원한 음료를 구입할 수 있는 자판기가 어디에 있는지도 궁금한데요.
ChatGPT	세탁실 근처에 있어요.
User	바로 옆에 있나요?
ChatGPT	아뇨, 약간 걸어가시면 있습니다.
User	그거 편리하군요!

오늘은 이렇게 호텔 세탁실을 찾아 셔츠를 보송보송하게 세탁해보았습니다.

아래 프롬프트 예시는 한글과 영문이 같은 내용이고 결과도 같으므로 둘 중 하나만 입력해도 됩니다. 원하는 상황으로 설정하여 대화를 시작해보세요.

🧑 지금부터 호텔 근처 수영장 찾기를 주제로 대화를 시작하겠습니
한글 예시 다. 현재 장소는 해외 현지의 호텔로, 나는 내일 오전 미팅에 가기 전 새벽에 수영할 수 있는 시설을 찾고 있습니다. 당신은 프론트 직원이며, 친절하게 수영장 위치를 안내해줍니다. 이제 당신이 간 단한 인사말로 대화를 시작해주세요.

🧑 We're now going to have a conversation on the topic of
영문 예시 finding a swimming pool near the hotel. We're currently in a hotel abroad, and I'm looking for a facility where I can swim in the early morning before my meeting tomorrow. You are the front desk staff and kindly guide me to the location of the swimming pool. Now, you, as the front desk staff, start our conversation.

야경을 내려다보며 우아하게 스테이크를 먹고 싶어요. 호텔 룸서비스 시키기

1. 상황 설명

나는 꿈에서만 그리던 시카고에 출장을 왔어요! 업무를 마치고 내일은 한국에 돌아가는 날이기 때문에 오늘은 특별히 호텔 룸서비스를 주문해보기로 했어요. 특히 야경이 아름답기로 유명한 숙소이기 때문에 통창의 커튼을 완전히 걷은 채로 어둑해진 하늘에 강변이 내려다보이는 바깥 풍경을 배경으로 우아하게 스테이크를 한번 먹어보려고 합니다.

챗GPT, 내가 룸서비스로 우아한 저녁식사를 할 수 있게 도와줘.

2. 프롬프트

정해진 프롬프트를 입력한 후 다음 내용을 추가로 입력해서 대화를 이어나가 보겠습니다.

지금부터 호텔 룸서비스로 스테이크 주문하기를 주제로 대화를 시작하겠습니다. 현재 장소는 시카고의 야경이 내려다보이는 호텔 방으로 나는 프론트에 전화해 룸서비스를 주문합니다. 당신은 프론트 직원이며, 친절하게 주문을 도와줍니다. 이제 당신이 간단한 인사말로 대화를 시작해 주세요.

Good evening. How can I assist you?

Good evening. I would like to have some steak tonight. How can I place the order for my room service?

You may order through this call. What type of steak would you prefer?

What cuts do you have?

We offer sirloin, rib-eye, and tenderloin.

I would like tenderloin, please.

Great choice. How would you like it cooked?

Well-done, please.

ChatGPT	안녕하세요. 무엇을 도와드릴까요?
User	안녕하세요. 스테이크를 주문하려고 하는데요. 룸서비스 주문은 어떻게 하면 될까요?
ChatGPT	이 전화로 주문하면 됩니다. 어떤 스테이크를 찾으십니까?
User	어떤 부위로 주문 가능할까요?
ChatGPT	등심, 갈빗살, 안심이 가능하세요.
User	그럼 안심으로 부탁드릴게요.
ChatGPT	탁월한 선택입니다. 굽기 정도는 어떻게 해드릴까요?
User	웰던으로 부탁합니다.

Understood. Anything else to order?

Yes, please. Can I have mashed potatoes and asparagus on the side?

We'll include those sides.

And what drinks do you have?

We offer various wines, beers, and non-alcoholic options. Preference?

What do you have for non-alcoholic drinks?

We have juices, soda, coffee, and tea. Any preference?

Do you also have any sparkling water?

ChatGPT	알겠습니다. 다른 거 필요한 건 없으실까요?
User	사이드 메뉴로 매시드 포테이토랑 아스파라거스도 부탁합니다.
ChatGPT	주문에 포함시켜드리겠습니다.
User	음료는 어떤 게 있을까요?
ChatGPT	다양한 와인, 맥주, 무알코올 음료가 준비되어 있습니다. 어떤 것으로 준비해드릴까요?
User	알코올이 안 들어간 음료 중에는 어떤 게 있을까요?
ChatGPT	주스, 탄산음료, 커피, 차 종류가 준비되어 있습니다. 어떤 걸로 해드릴까요?
User	혹시 스파클링 워터도 있을까요?

Yes, we have sparkling water. Anything else?

 Could you put some lemon in the sparkling water, please?

 Of course, sparkling water with lemon. Confirm order?

 Yes, that's all for today.

 Perfect. Your order will arrive soon. Enjoy!

 Thank you! When will it be ready?

 It will take around 30 minutes. Enjoy!

ChatGPT	네, 스파클링 워터도 있습니다. 또 다른 것도 필요하실까요?
User	혹시 스파클링 워터에 레몬도 함께 넣어주실 수 있을까요?
ChatGPT	물론입니다. 레몬 넣어서 서빙해드리겠습니다. 이렇게 준비 도와드리면 될까요?
User	네, 오늘은 이거면 될 것 같아요.
ChatGPT	좋습니다. 주문하신 것은 금방 준비해드리겠습니다. 맛있게 드세요!
User	감사합니다! 혹시 얼마나 걸릴까요?
ChatGPT	30분 정도 걸릴 거예요. 식사 맛있게 하시길 바랍니다!

이렇게 해서 오늘은 시카고 호텔에서 룸서비스로 스테이크 주문을 해보았습니다.

아래 프롬프트 예시는 한글과 영문이 같은 내용이고 결과도 같으므로 둘 중 하나만 입력해도 됩니다. 원하는 상황으로 설정하여 대화를 시작해보세요.

한글 예시
지금부터 호텔 룸서비스로 디저트 주문하기를 주제로 대화를 시작하겠습니다. 현재 장소는 홍콩의 야경이 내려다보이는 호텔 방으로 나는 프론트에 전화해 룸서비스를 주문합니다. 당신은 프론트 직원이며, 친절하게 주문을 도와줍니다. 이제 당신이 간단한 인사말로 대화를 시작해주세요.

영문 예시
We're now going to have a conversation about ordering dessert through hotel room service. We're currently in a hotel room overlooking the night view of Hong Kong, and I'm about to call the front desk to order room service. You're the front desk employee who kindly assists with my order. Now, you, as the front desk employee, start our conversation.

호텔 옆방 고객들이 너무 시끄러워요
컴플레인 넣기

1. 상황 설명

나는 처음 와보는 대륙의 어느 호텔에서 첫 번째 밤을 보냅니다. 음…. 그런데 설레는 마음도 잠시, 조용하기만 했던 저녁 시간에 갑자기 엄청난 소음이 들려오기 시작했어요. 오늘이 이곳의 중요한 공휴일이라고 듣긴 했지만, 옆방에서 몇 시간 동안 이어지는 소음에 나는 신경이 점차 곤두서기 시작합니다. 처음엔 이러다 말겠거니 하고 기다린 게 벌써 두 시간이 넘은 것 같아요. 끝인가 하면 다시 울리기 시작하는 큰 음악 소리와 사람들의 웅성거림 때문에 나는 잠이 들지 못합니다. 결국 참다 못해 프론트에 전화를 걸기로 했어요.

챗GPT, 오늘은 내가 소음 컴플레인을 접수할 수 있게 도와줘!

2. 프롬프트

정해진 프롬프트를 입력한 후 다음 내용을 추가로 입력해서 대화를 이어나가 보겠습니다.

> 지금부터 호텔 프론트에 소음 컴플레인 넣기를 주제로 대화를 시작하겠습니다. 현재 장소는 해외 현지의 호텔 방으로 나는 프론트에 전화해 옆방 소음에 대한 컴플레인을 접수합니다. 당신은 프론트 직원이며, 친절하게 접수를 도와줍니다. 이제 당신이 간단한 인사말로 대화를 시작해주세요.

Ⓖ Good evening, this is front desk. How can I assist you?

Ⓤ Hello there. I understand today is a public holiday here and many people are celebrating it tonight, but the noise from the next room is a bit too loud. Can you help, by any chance?

Ⓖ I'm sorry for the inconvenience. I'll address this issue right away.

Ⓤ Thank you. I am in room no. 1212 and the music and voices from the room next door are constantly loud for the last few hours.

Ⓖ Thank you for providing details. We'll investigate immediately.

ChatGPT	안녕하세요, 프론트입니다. 무엇을 도와드릴까요?
User	안녕하세요. 오늘이 이곳 공휴일인 걸 잘 알고 있고 많은 분들이 축하 파티를 하시는 것도 이해합니다만, 옆방의 소음이 좀 과한데 도와주시겠습니까?
ChatGPT	우선 불편을 드려서 죄송합니다. 곧바로 문제 사항을 해결해드릴 수 있도록 하겠습니다.
User	감사합니다. 제 방은 1212호이고요. 옆방에서 음악과 사람들 목소리가 몇 시간 동안 계속되고 있습니다.
ChatGPT	자세히 알려주셔서 감사합니다. 저희가 즉시 알아보도록 하겠습니다.

It would be greatly appreciated if you can get back to me with when they will finish their party over there. Can you do that for me, please?

Sure, we'll inquire and update you soon. Thank you for your patience.

Thank you so much! I do appreciate it.

You're welcome. We'll handle this promptly.

User   파티가 언제쯤 끝날는지 저에게 다시 연락을 주시면 감사하겠습니다. 그렇게 해주실 수 있을까요?

ChatGPT   물론입니다. 확인한 후에 저희가 곧 내용을 알려드리겠습니다. 기다려주셔서 감사합니다.

User   대단히 감사합니다! 도움이 많이 될 것 같습니다.

ChatGPT   저희도 감사합니다. 즉시 해결해드리겠습니다.

 잠시 후.

The music is still loud.

I apologize for that. We're working on it now.

User   음악 소리가 아직 크게 들립니다.

ChatGPT   우선 사과드립니다. 저희 쪽에서 아직 해결 중이라서요.

USER I will wait for your update on this.

ChatGPT Understood. We will provide an update shortly.

USER Thank you so much!

ChatGPT You're welcome! We appreciate your patience.

USER As long as it gets quiet, I have no complaints. I have an early morning tomorrow.

ChatGPT Understood. We'll ensure quietness for you.

User	그럼 다시 알려주시길 기다리겠습니다.
ChatGPT	그럼요. 곧 안내해드릴 수 있도록 하겠습니다.
User	감사합니다!
ChatGPT	물론입니다! 인내심 갖고 기다려주셔서 고맙습니다.
User	조용해지기만 한다면 다른 불만 사항은 없습니다. 제가 내일 일찍 일어나야 해서요.
ChatGPT	잘 알겠습니다. 조용히 쉬실 수 있도록 하겠습니다.

곧 파티가 끝나고 오늘의 주인공이고요한 밤을 보낼 수 있기를 바랍니다.

아래 프롬프트 예시는 한글과 영문이 같은 내용이고 결과도 같으므로 둘 중 하나만 입력해도 됩니다. 원하는 상황으로 설정하여 대화를 시작해보세요.

한글 예시

지금부터 호텔 프론트에 샤워기 고장 컴플레인 넣기를 주제로 대화를 시작하겠습니다. 현재 장소는 해외 현지의 호텔 방으로 나는 프론트에 전화해 샤워기 고장에 대한 컴플레인을 접수합니다. 당신은 프론트 직원이며, 친절하게 접수를 도와줍니다. 이제 당신이 간단한 인사말로 대화를 시작해주세요.

영문 예시

We're now going to have a conversation about complaining to a hotel front desk about a broken shower. We're currently in a hotel room abroad, and I am about to call the front desk to report a broken shower. You're the front desk employee who kindly assists with the complaint. Now, you, as the front desk employee, start our conversation.

호텔에 비치된 수건을 다 써버렸어요!
추가로 가져다달라고 하고 싶어요

1. 상황 설명

나는 해외여행 중이에요. 기후 변화 때문에 더욱 무더워진 동남아이지만, 오랜만에 놀러온 태국의 치앙마이는 여전히 너무도 아름다웠습니다. 그간 빡빡한 일정으로 돌아다닌 터라 오늘은 저녁을 먹고 푹 쉬려고 해요. 그런데! 저녁을 먹기 전 샤워하러 욕실에 들어간 나는 깜짝 놀랍니다. 안 쓴 수건이 걸려 있는데, 딱 하나 밖에 안 남았다는 사실이 떠올랐거든요! 청소 서비스가 필요 없다고 붙여놓고 외출한 탓에 수건이 채워지지 않은 것 같아요.

프론트 데스크에 수건을 새로 가져다 달라고 부탁해야겠습니다.

2. 프롬프트

정해진 프롬프트를 입력한 후 다음 내용을 추가로 입력해서 대화를 이어나가 보겠습니다.

 지금부터 호텔 방에 수건 채워넣기를 주제로 대화를 시작하겠습니다. 현재 장소는 태국 치앙마이의 한 호텔로, 나는 프론트 데스크에 전화해 수건을 요청합니다. 당신은 프론트 데스크의 직원으로 나의 요청 전화를 받게 됩니다. 이제 당신이 간단한 인사말로 대화를 시작해주세요.

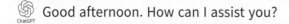

🔵 Good afternoon. How can I assist you?

👤 Hello, how are you? I am your guest from room no. 7. I was wondering if you could bring me more towels, please.

🔵 I'm fine, thank you. More towels for room 7, noted.

👤 There is one other thing. If I may?

🔵 Of course. What's the additional request?

👤 I was wondering how I can let the housekeeper know that I need an extra towel tomorrow too.

🔵 You can leave a note. Or call us tomorrow.

ChatGPT	안녕하세요. 무엇을 도와드릴까요?
User	안녕하세요! 다름이 아니라 저는 7호실 숙박객인데요. 혹시 수건을 더 가져다주실 수 있는지 궁금합니다.
ChatGPT	안녕하세요, 감사합니다. 7호실에 수건을 더 가져다드리겠습니다.
User	그리고 부탁드릴 게 한 가지 더 있습니다. 가능할까요?
ChatGPT	물론입니다. 무엇을 도와드리면 될까요?
User	방을 청소해주시는 분께 내일도 추가 수건이 필요하다고 전해드리고 싶어서요.
ChatGPT	그러시면 방에 메모를 남겨주시면 됩니다. 아니면, 저희 쪽에 내일 다시 전화 주세요.

👤 **USER** I see. I am wondering, in case I forget to leave a note, if you can pass the message along to the housekeeper for me tomorrow? Again, I am in room no. 7.

🌀 **ChatGPT** Absolutely. I'll inform the housekeeper of it tomorrow.

👤 **USER** Thank you so much!

🌀 **ChatGPT** You're welcome! Enjoy your stay.

👤 **USER** I am actually staying until this Sunday, and I am wondering if it's ever possible for you to ask the housekeeper to provide some extra towels each day throughout my stay.

🌀 **ChatGPT** Yes, we can arrange that. Enjoy your stay!

👤 **USER** Thank you again. This is a great hotel.

User	잘 알겠습니다. 제가 메모 남기는 걸 깜박할 수 있으니 내일 메시지 좀 전해 주실 수 있을까요? 제 방 번호는 아까도 말씀드린 것처럼 7호입니다.
ChatGPT	그렇게 해드릴게요. 내일 청소하시는 분께 알려드리겠습니다.
User	대단히 감사합니다!
ChatGPT	별말씀을요! 편안하게 머물다 가시길 바랍니다.
User	실은 제가 일요일까지 머물 예정인데요. 매일 여분의 수건이 계속 비치됐으면 하는데 가능할런지요.
ChatGPT	네, 그렇게 해드리겠습니다. 그럼 편안한 시간 보내세요!
User	다시 한번 감사합니다. 이 호텔 정말 마음에 드네요.

ChatGPT We appreciate your kind words. Thank you!

 USER Oh, and I want to buy some souvenirs before I leave.

 ChatGPT We have a gift shop. It's in the lobby.

 USER That sounds perfect.

 ChatGPT Great! Feel free to explore it.

 USER Thank you. Have a great day!

 ChatGPT Thank you. You too, have a great day!

ChatGPT	그리 말씀해주셔서 좋습니다. 고맙습니다!
User	이곳을 떠나기 전에 기념품도 좀 구입하고 싶어요.
ChatGPT	저희 기념품샵이 있습니다. 로비에 있지요.
User	그거 잘됐군요.
ChatGPT	네! 편안히 둘러보시기 바랄게요.
User	감사드립니다. 좋은 하루 되세요!
ChatGPT	고맙습니다. 고객님도 좋은 하루 보내세요!

이렇게 해서 오늘은 호텔에서 수건이 모두 떨어졌을 때의 대처법을 알아 봤습니다. 이 호텔은 정말 친절해서 숙소 예약 웹사이트에 꼭 별점 5개와 함께 감사의 피드백을 남기게 될 것 같아요!

아래 프롬프트 예시는 한글과 영문이 같은 내용이고 결과도 같으므로 둘 중 하나만 입력해도 됩니다. 원하는 상황으로 설정하여 대화를 시작해보세요.

👤 **한글 예시** 지금부터 호텔 방에 서비스 용품 채워 넣기를 주제로 대화를 시작하겠습니다. 현재 장소는 괌의 한 호텔로, 나는 프론트 데스크에 전화해 서비스 용품을 요청합니다. 당신은 프론트 데스크의 직원으로 나의 요청 전화를 받게 됩니다. 이제 당신이 간단한 인사말로 대화를 시작해주세요.

👤 **영문 예시** We're now starting a conversation on the topic of requesting amenities for a hotel room. Our current location is a hotel in Guam, and I'm calling the front desk to ask for amenities. You will be the front desk staff member receiving my call. Please begin the conversation with a simple greeting.

40일 만에 영어가 나온다!

챗GPT 영어회화

Chapter 4

신나는 해외여행 중이에요!

해외 현지에서 렌터카를 빌려요!

1. 상황 설명

나는 6인의 동료들과 미국으로 출장을 가게 됐습니다. 일주일 동안 머물 숙소와 외곽에 있는 회사 공장까지 수월하게 이동하기 위해서는 모두가 함께 탈 수 있는 큰 자동차가 필요합니다. 비행기에서 내려 게이트를 빠져나온 우리는 총 7명이나 되는 인원수를 고려해 밴을 렌트하기로 하고 렌터카 회사의 부스로 이동합니다. 미리 쿠폰을 받아왔는데 창구 직원에게 잘 설명할 수 있도록 챗GPT의 도움이 필요해요.

챗GPT, 우리가 쿠폰가를 적용해 모두 함께 안전하게 탈 수 있는 밴을 빌릴 수 있게 도와줘!

2. 프롬프트

정해진 프롬프트를 입력한 후 다음 내용을 추가로 입력해서 대화를 이어나가 보겠습니다.

> 지금부터 해외 출장 중 공항 렌터카 빌리기를 주제로 대화를 시작하겠습니다. 현재 장소는 미국 미니애폴리스-세인트폴 공항이며, 동료들과 출장 온 나는 렌터카 부스에서 쿠폰을 사용해 9인승 밴을 빌리려고 합니다. 당신은 현지 렌터카 회사 직원입니다. 이제 당신이 먼저 인사를 하며 대화를 시작해주세요.

🌀 **ChatGPT** Hello! How can I assist you today?

👤 **USER** Hello, how are you today? I wanted to rent a van for all of us using this coupon, please.

🌀 **ChatGPT** I'm good, thank you. Let's see your coupon.

👤 **USER** Here it is.

🌀 **ChatGPT** Great, thanks. Now, let's find a van.

👤 **USER** Do you have any recommendation for a van on your part?

🌀 **ChatGPT** Yes, the Mercedes-Benz Sprinter is good.

👤 **USER** Do you, by any chance, also have a Hyundai model?

ChatGPT	안녕하세요! 오늘 제가 무엇을 도와드릴까요?
User	안녕하시지요? 오늘 이 쿠폰을 사용해서 저희 모두가 탈 수 있는 밴을 렌트하려고 합니다.
ChatGPT	안부를 물어봐주셔서 고맙습니다. 쿠폰 좀 보여주시겠습니까?
User	여기요.
ChatGPT	감사합니다. 그럼 이제 밴을 한번 골라보도록 하시죠.
User	혹시라도 추천해주실 만한 모델이 있을까요?
ChatGPT	물론입니다. 메르세데스 벤츠 스프린터를 추천드리고 싶은데요.
User	혹시 현대에서 나온 차량도 있으실까요?

Yes, we do. The Hyundai H-1 is available.

 Sounds good. Let's go and have a look!

 Sure, follow me please.

ChatGPT 그럼요, 있습니다. 현대 스타렉스 렌트 가능하셔요.

User 좋습니다. 한번 볼게요!

ChatGPT 그러시죠. 저를 따라와주세요.

 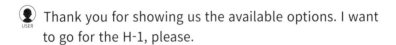 자, 그럼 모두 둘러본 후에 오늘의 렌터카는 스타렉스로 결정하는 걸로 해볼게요. 'H-1'은 스타렉스의 수출명이랍니다.

 Thank you for showing us the available options. I want to go for the H-1, please.

 Perfect choice. Let's finalize the paperwork.

 Thank you. I would also like an insurance coverage for my rent. Would it be possible?

ChatGPT 차량들을 보여주셔서 감사해요. 스타렉스로 하겠습니다.

User 탁월한 선택이십니다. 그럼 이제 서류 작성 진행하겠습니다.

ChatGPT 감사드려요. 그리고 렌터카 보험도 추가했으면 하는데요. 가능할까요?

Yes, we offer various insurance options.

 Can you elaborate, please?

 We have collision and comprehensive coverage.

 What's the difference, and which one would you recommend?

 Collision covers accidents, comprehensive covers non-accident damage. Both are useful.

 I would want to add both of them, please.

 Sure, I'll add both coverages to your rental.

 Thank you very much for all your help today!

ChatGPT 그럼요. 여러 가지 보험에 가입하실 수 있습니다.

User 구체적으로 어떤 게 있을까요?

ChatGPT 충돌 사고 보상(Collision Coverage)과 충돌 외 사고 보상(Comprehensive Coverage)이 있습니다.

User 구체적인 차이를 좀 알고 싶은데요. 추천하시는 건 어느 보험일까요?

ChatGPT 충돌 보상의 경우 사고에 대한 보험이고요. 충돌 외 보상의 경우는 사고가 아닐 경우의 파손에 대한 보험입니다. 두 가지 모두 유용하고요.

User 그럼 둘 다 추가해주시면 좋을 것 같아요.

ChatGPT 알겠습니다. 고객님 렌터카에 두 가지 모두 추가해드리겠습니다.

User 오늘 이렇게 많은 도움 주셔서 감사해요!

You're welcome. Safe travels!

ChatGPT   저도 감사드립니다. 그럼 안전한 여행 되십시오!

안전하고 즐거운 출장길 되시고, 우리는 다음 시간에 챗GPT와 다시 만나요!

직접 해보기 - 프롬프트 예시

아래 프롬프트 예시는 한글과 영문이 같은 내용이고 결과도 같으므로 둘 중 하나만 입력해도 됩니다. 원하는 상황으로 설정하여 대화를 시작해보세요.

👤 *한글 예시* 지금부터 해외 출장 중 공항 렌터카 빌리기를 주제로 대화를 시작하겠습니다. 현재 장소는 독일의 프랑크푸르트 공항이며, 동료들과 출장 온 나는 렌터카 부스에서 미리 예약한 승용차를 픽업하려고 합니다. 당신은 현지 렌터카 회사 직원입니다. 이제 당신이 먼저 인사를 하며 대화를 시작해주세요.

👤 *영문 예시* We are now starting a conversation on renting a car at the airport while on a business trip abroad. Our current location is Frankfurt Airport in Germany, and I, along with my colleagues, am about to pick up a car that I reserved in advance from a rental car booth. You are a local rental car company employee. Now, you can start the conversation by greeting me first.

UNIT 02

해외여행 중에 현지인들이
자주 가는 맛집을 찾아요

② CHICKEN POZOLE

① SEAFOOD TACO

③ BEEF BURRITO

Yay!

1. 상황 설명

멕시코에 처음으로 여행 온 나는 현지인들이 자주 가는 맛집을 찾아가려고 합니다. 그래서 우선 추천을 받기로 했어요. 호텔 프론트에서 현지분들에게 인기 있는 맛집을 추천해달라고 부탁합니다. 그중에서도 예전부터 꼭 진짜 멕시코의 맛으로 경험하고 싶었던 타코, 부리토, 포솔레를 판매하는 식당 중에서 추천을 받으려고 합니다.

챗GPT, 오늘은 내가 멕시코시티 현지의 맛집을 찾아갈 수 있도록 도와줘!

2. 프롬프트

정해진 프롬프트를 입력한 후 다음 내용을 추가로 입력해서 대화를 이어나가 보겠습니다.

 지금부터 해외 현지 맛집 찾기를 주제로 대화를 시작하겠습니다. 현재 장소는 멕시코시티에서 내가 묵고 있는 호텔의 로비이며, 나는 당신에게서 이곳의 멕시코 맛집을 추천받으려고 합니다. 당신은 프론트 직원이고, 저는 여행객입니다. 이제 당신이 간단한 인사말로 대화를 시작해주세요.

ChatGPT
Hello! Welcome to Mexico City. How can I assist you today?

 USER
Hi, there. I am wondering if you can recommend some Mexican food restaurants where they sell hearty tacos, burritos and pozole.

 ChatGPT
Absolutely, I recommend "El Cardenal". Also, "Pujol" is fantastic.

ChatGPT   안녕하세요! 멕시코시티에 오신 걸 환영합니다. 오늘 제가 무엇을 도와드릴까요?

User   안녕하세요. 혹시 멕시코 음식 레스토랑 중에서 추천 좀 받을 수 있을까 해서요. 푸짐한 타코, 부리토, 포솔레를 판매하는 곳으로요.

ChatGPT   그럼요, '엘 까르데날'을 추천해드리고 싶습니다. '푸졸'이라는 식당도 강추 드릴게요.

 자주 사용되는 표현으로 위에서 한 번쯤 기억해두시면 좋은 단어는 바로 'hearty'인데요. 음식 앞에 붙어 '푸짐한', '양이 많은'이라는 뜻이 된답니다. 그러니까 예를 들어 "a hearty breakfast"라고 하면 '푸짐한 아침식사'라는 뜻이 되겠지요?

 USER
Thank you very much! It's been a great help.

User   감사드립니다! 큰 도움이 됐어요.

You're welcome! Enjoy your meals.

 Thanks again. Have a great day! Oh, and is it OK if I reach out in case of further questions?

 Of course! Feel free to ask anytime.

ChatGPT   별말씀을요! 식사 맛있게 하시길 바랍니다.

User   다시 한번 감사드려요. 좋은 하루 보내시구요! 아, 그리고 혹시라도 다른 질
                문이 생기면 연락 드려도 괜찮을까요?

ChatGPT   그럼요! 언제든지 편안하게 물어보시기 바랍니다.

 마지막으로 '연락하다'라는 뜻으로 자주 사용되는 "reach out"에 대해서
좀 더 알아보고 오늘의 회화 연습을 마무리하기로 하겠습니다.

 ChatGPT, when someone says "reach out," does that mean to reach out on the phone or by email? Or, does it also mean to ask in person?

 "Reach out" can mean contact through any method. It includes phone, email, or in person.

User   챗GPT, 누군가가 "reach out"하라고 할 때는 전화나 이메일로 연락하라는
                거야? 아님 대면일 때에도 해당하는 거야?

ChatGPT   "reach out"이라는 표현은 어떤 방법이든 연락하는 상황을 포괄합니다. 전
                화, 이메일, 대면 모두 포함되지요.

USER Thanks a lot!

 ChatGPT You're welcome! Anytime.

User 고마워!

ChatGPT 천만에요! 언제든지 물어봐주세요.

직접 해보기 - 프롬프트 예시

아래 프롬프트 예시는 한글과 영문이 같은 내용이고 결과도 같으므로 둘 중 하나만 입력해도 됩니다. 원하는 상황으로 설정하여 대화를 시작해보세요.

 한글 예시 지금부터 해외 현지 맛집 찾기를 주제로 대화를 시작하겠습니다. 현재 장소는 모로코 마라케시에서 내가 묵고 있는 호텔의 로비이며, 나는 당신에게서 이곳의 모로코 음식 맛집을 추천받으려고 합니다. 당신은 프론트 직원이고, 저는 여행객입니다. 이제 당신이 간단한 인사말로 대화를 시작해주세요.

 영문 예시 We're starting a conversation about finding a local restaurant abroad. We're in the lobby of the hotel where I'm staying in Marrakech, Morocco, and I want to get a recommendation for a Moroccan restaurant from you. You are a front desk staff member, and I am a traveler. Now, please start the conversation with a simple greeting.

40일 만에 영어가 나온다!

챗GPT 영어회화

현지 레스토랑에서
음식을 주문해요

1. 상황 설명

오늘은 이스탄불에 발령되고 맞이하는 첫 주말입니다! 점심식사로는 길거리에서 처음 먹어보는 고등어 케밥을 체험하고, 후식으로는 카이막 가게에서 '천상의 맛'이라고 하는 카이막을 먹었어요. 꿀이 듬뿍 뿌려져 있는 카이막을 빵에 찍어 먹으니 그야말로 명불허전이었습니다. 그러나 왠지 익숙한 맛이 그리워진 나는 저녁식사로는 스테이크를 먹기로 합니다. 마침 현지 직장인 동료가 소개해준 맛집에서 듬뿍 녹인 버터에 스테이크를 구워준다고 해요. 외국인들이 많이 찾아오기 때문에 아직은 현지 언어가 낯선 나도 이곳에선 영어로 주문할 수 있어요.

챗GPT, 오늘은 이스탄불 현지에서 영어로 스테이크를 주문해보자!

2. 프롬프트

정해진 프롬프트를 입력한 후 다음 내용을 추가로 입력해서 대화를 이어나가 보겠습니다.

지금부터 해외 현지 레스토랑에서 음식 주문하기를 주제로 대화를 시작하겠습니다. 현재 장소는 이스탄불의 스테이크 레스토랑이며, 나는 이곳의 인기 메뉴를 주문하려 합니다. 당신은 웨이트리스이고, 저는 여행객입니다. 제가 막 가게에 들어왔습니다. 자리를 안내하는 내용으로 대화를 시작해주세요.

회화 예시

Welcome! Follow me to your table.

Thank you. It's just me.

Great. This is your table.

ChatGPT	어서 오세요! 준비된 테이블로 안내해드리겠습니다.
User	감사드립니다. 저 혼자 왔습니다.
ChatGPT	네. 테이블이 준비돼있으세요.

 이제 자리에 앉아 주문을 시작해볼까요?

Thank you. I would like to order some steak, please.
I heard the butter-dipped one is very popular here.

Yes, it's a favorite here. Would you like that?

Yes, I will take one cooked well-done.

User	감사합니다. 스테이크를 먹어보려고 하는데요. 이곳의 버터 디핑 스테이크가 인기 있다고 들었습니다.
ChatGPT	맞습니다. 저희 가게에서 가장 인기 있는 메뉴예요. 그걸로 하시겠습니까?
User	네, 웰던으로 부탁드립니다.

🔵 **ChatGPT** Excellent choice. Order is on its way.

⚫ **USER** Any recommendation on sauce and side dishes?

🔵 **ChatGPT** Peppercorn sauce and fries are popular. Sounds good?

⚫ **USER** Sounds awesome. I will have those, please.

🔵 **ChatGPT** Excellent choice! Coming right up.

⚫ **USER** And I am wondering if I can place the order for my dessert too?

🔵 **ChatGPT** Of course. What would you like?

⚫ **USER** The classic baklava with turkish coffee, please.

🔵 **ChatGPT** Wonderful choice. Anything else?

ChatGPT 훌륭한 선택입니다. 바로 준비해드릴게요.

User 혹시 소스랑 곁들일 메뉴도 추천해주실 수 있을까요?

ChatGPT 페퍼콘 소스와 감자튀김이 인기가 좋은데 어떠실까요?

User 좋습니다. 그 두 가지로 하겠습니다.

ChatGPT 잘 선택해주셨어요! 바로 준비해드리겠습니다.

User 그리고 혹시 디저트도 함께 주문 넣을 수 있을까요?

ChatGPT 그럼요. 어떤 디저트로 해드릴까요?

User 클래식 바클라바와 터키식 커피로 부탁드리겠습니다.

ChatGPT 탁월한 선택이세요. 또 뭐 필요한 거 있으실까요?

No, that's all for today.

 Perfect. Your order is on the way.

User	아뇨. 오늘은 그거면 되겠습니다.
ChatGPT	좋습니다. 주문하신 음식 곧 가져다드리겠습니다.

자, 이렇게 해서 오늘은 스테이크 주문을 해보았는데요. 챗GPT 덕분에
아름다운 이스탄불의 현지 맛집에서 즐겁고 맛있는 식사를 할 것 같습니다.

직접 해보기 - 프롬프트 예시

아래 프롬프트 예시는 한글과 영문이 같은 내용이고 결과도 같으므로 둘 중 하나만 입력해도 됩니다. 원하는 상황으로 설정하여 대화를 시작해보세요.

지금부터 해외 현지 레스토랑에서 음식 주문하기를 주제로 대화를 시작하겠습니다. 현재 장소는 남아공 케이프타운의 중심가 레스토랑이며, 나는 이곳의 인기 메뉴를 주문하려 합니다. 당신은 웨이트리스이고, 저는 여행객입니다. 제가 막 가게에 들어왔습니다. 자리를 안내하는 내용으로 대화를 시작해주세요.

We're starting a conversation about ordering food at a local restaurant abroad. We're in a popular restaurant in downtown Cape Town, South Africa, and I want to order their signature menu. You're the waitress, and I'm a tourist. I just entered the restaurant. Please start the conversation by guiding me to my seat.

영국 여행 중인데,
갑자기 한식당을 찾고 싶어요

1. 상황 설명

나는 즐거운 영국 여행 중입니다. 이번 여행에서는 런던 탑, 타워 브리지, 웨스트민스터 사원, 빅 벤, 그리니치 공원, 런던 아이 등 목록에 적어온 곳은 다 방문했기 때문에 무척 뿌듯해요. 영국으로 배낭여행 오길 잘했다는 생각이 들었습니다. 음, 그런데 한 가지 문제가 생겼어요. 다름이 아니라, 집에 가는 날짜가 서서히 다가오면서 한식에 대한 그리움을 더 이상 참을 수 없게 됐다는 거예요. 헐! 그래도 다행히 요즘 영국에는 한식당이 많으니까 오늘 점심으로는 꼭 한식을 먹으면서 행복한 시간을 보내야겠습니다.

챗GPT, 오늘은 영국에 있는 한식당을 찾아보자!

2. 프롬프트

정해진 프롬프트를 입력한 후 다음 내용을 추가로 입력해서 대화를 이어나가 보겠습니다.

USER
지금부터 해외 현지 한식당 찾기를 주제로 대화를 시작하겠습니다. 현재 장소는 영국 런던이며, 나는 현지인 친구인 당신에게서 한식당을 추천받으려고 합니다. 당신은 한식을 좋아하는 영국인 친구 미아(Mia)로 나에게 친절하게 몇몇 식당을 추천해줍니다. 이제 당신이 간단한 인사말로 대화를 시작해주세요.

회화 예시

 Hello, there! Excited for Korean food?

 Hey, Mia! Yes, I am in the mood for Kimchi stew today. As a local who loves Korean cuisine, would you have any recommendations for Korean restaurants here?

 Absolutely! "Seoul Bakery" is fantastic. Their Kimchi stew is superb.

 Great! I've heard about the place. Have you been there too?

 Yes, I've been there. You'll love it.

 What did you have there?

 I enjoyed their Bibimbap and Kimchijeon.

ChatGPT	안녕, 친구! 한국 음식 먹고 싶다구?
User	미아야, 안녕! 응, 나 오늘 김치찌개를 꼭 먹고 싶어. 네가 한식을 좋아하는 현지인이니까 이곳의 한식당 좀 추천해주겠니?
ChatGPT	그럼! '서울 베이커리'라는 곳이 참 맛있어. 특히 김치찌개가 끝내주지.
User	잘됐다! 그 식당 이름 들어본 적 있어. 너도 가본 적이 있니?
ChatGPT	응, 가봤어. 너도 좋아할거야.
User	거기 갔을 때 뭐 먹었어?
ChatGPT	비빔밥이랑 김치전 먹었는데 참 맛있었어.

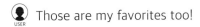

👤 **USER** Those are my favorites too!

🌀 **ChatGPT** I enjoyed their Bibimbap and Kimchijeon.

👤 **USER** Those are my favorites too!

🌀 **ChatGPT** Perfect! You'll enjoy your meal there.

👤 **USER** What else do they have on the menu?

🌀 **ChatGPT** They serve various Korean dishes. Bulgogi is also popular.

👤 **USER** Oh, they're all my favorites. I can never choose.

🌀 **ChatGPT** I understand. They're all delicious!

👤 **USER** What is their price range?

🌀 **ChatGPT** It's mid-range. Quite affordable.

User	나도 비빔밥이랑 김치전 정말 좋아하는데!
ChatGPT	그렇구나! 그럼 아마 그 식당 마음에 들 거야.
User	또 다른 메뉴로는 뭐가 있어?
ChatGPT	다양한 한식류가 있는데, 불고기도 인기 메뉴야.
User	다 좋아하는 음식이라 뭘 먹어야 할지 모르겠다.
ChatGPT	그럴 수 있지. 모두 맛있는 메뉴들이라!
User	가격대는 어떻게 될까?
ChatGPT	중간쯤이야. 꽤 괜찮은 편이야.

USER Awesome. I'll check it out for lunch today. Thank you again.

 ChatGPT Great choice! Enjoy your meal.

User 그렇구나. 그럼 오늘 점심에 가봐야겠다. 고마워.

ChatGPT 좋은 생각! 맛있게 먹고 오길.

직접 해보기 - 프롬프트 예시

아래 프롬프트 예시는 한글과 영문이 같은 내용이고 결과도 같으므로 둘 중 하나만 입력해도 됩니다. 원하는 상황으로 설정하여 대화를 시작해보세요.

 한글 예시 지금부터 해외 현지 한식당 찾기를 주제로 대화를 시작하겠습니다. 현재 장소는 미국 마이애미이며, 나는 현지인 친구인 당신에게서 한식당을 추천받으려고 합니다. 당신은 한식을 좋아하는 미국인 친구 레지나(Regina)로 나에게 친절하게 몇몇 식당을 추천해줍니다. 이제 당신이 간단한 인사말로 대화를 시작해주세요.

영문 예시 We're starting a conversation about finding a Korean restaurant abroad. We're in Miami, USA, and I want to get a recommendation for a Korean restaurant from you, my local friend. You're my American friend Regina who likes Korean food, and you kindly recommend a few restaurants. Now, please start the conversation with a simple greeting.

Chapter 5

해외여행 중 문제가 생겼어요!

UNIT 01

신나는 뉴욕 여행 중!
팁 문화가 어려워요

1. 상황 설명

나는 신나는 뉴욕 여행 중입니다! 어릴 때부터 영화와 미드를 보면서 가보고 싶은 곳이 많았던 도시이기 때문에 나는 들떠 있습니다. 뉴욕에 도착한 나는 우선 센트럴 파크를 거닐어보고, 좀 더 걸어서 메트로폴리탄 미술관에도 갔어요. 다음으로는 인스타그램으로 봤던 벌집 모양의 '베슬 (The Vessel)'이라는 건축물 앞에서 사진도 찍고, 자유의 여신상 유람선을 타고 커피와 과자를 먹으며 먼발치에서 자유의 여신상을 감상하기도 했습니다.

이렇게 즐겁게 시간을 보내다 오늘은 챗GPT에게 여행 내내 어렵게 느껴지던 미국의 팁 문화에 대해서 질문해보려고 해요!

2. 프롬프트

정해진 프롬프트를 입력한 후 다음 내용을 추가로 입력해서 대화를 이어나가 보겠습니다.

지금부터 미국의 팁 문화를 주제로 대화를 시작하겠습니다. 현재 장소는 미국 뉴욕시이며, 나는 식당이나 커피숍에서 계산할 때마다 팁을 어떻게 계산해야 하는지 혼란스러워하는 상황입니다. 당신은 현지인 친구 케빈 (Kevin)이 되어 나에게 친절하게 설명해줍니다. 이제 당신이 간단한 인사말로 대화를 시작해주세요.

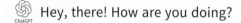 Hey, there! How are you doing?

I am doing good, but I am having a hard time figuring out how to tip in NYC. If you have a few minutes, may I ask your advice on this? It will be very helpful for the rest of my trip!

Sure thing! I'd love to help.

Thanks, Kevin! So, how much should I normally tip at a restaurant or coffee shop?

Typically, 15 to 20 percent. Depends on the service quality.

What if I get a coffee to go?

ChatGPT   친구야! 잘 있었지?

User   잘 지내고는 있는데, 뉴욕시에서 팁을 얼마 내야 하는지 참 어렵더라. 잠깐 시간 있으면 네가 좀 설명해줄래? 남은 여행을 하는 동안 큰 도움이 될 것 같아.

ChatGPT   그럼! 설명해줄 수 있지.

User   고마워, 케빈! 그럼 식당이나 커피숍에서 팁을 보통 얼마나 내야 하는 거야?

ChatGPT   일반적으로 15~20%라고 생각하면 돼. 서비스에 얼마나 만족하느냐에 따라 달라지고 말이야.

User   만일 테이크아웃 커피를 마시는 경우라면 어떻게 해?

Tipping is not required. But it's appreciated if you do.

 Around how much, if I do?

 One or two dollars is usual. More is generous.

 So, if I dine at a restaurant, the normal tip is 15-20%, right?

 Yes, that's right. Based on service quality.

 Do you have any tips on how to calculate the usual range when you pay for the bill, by any chance?

 Double the tax. That's roughly 18 percent.

 Aha. Awesome. That's a useful tip.

ChatGPT	그런 경우라면 꼭 팁을 내지 않아도 돼. 그렇지만 만일 낸다면 상대가 고마워하겠지.
User	그럼 낸다면 얼마가 좋을까?
ChatGPT	보통 1~2달러면 돼. 더 내면 후한 거고.
User	그리고 아까 식당에서는 일반적으로 15~20% 사이라고 했었지? 맞아?
ChatGPT	맞아. 그렇지만 기본적으로는 서비스 만족도에 따라 선택하면 돼.
User	그럼 계산할 때 일반적인 범위를 기준으로 팁을 좀 더 쉽게 셈하는 방법이 있을까?
ChatGPT	세금에 2를 곱해봐. 그럼 대략 18퍼센트가 될 거야. (저자 주: 뉴욕시에서 물건이나 서비스 구매 시 판매세[Sales Tax]라고 부르는 일종의 소비세가 8.875% 부과됨)
User	오, 그렇군. 그거 유용한 정보네.

I'm glad I could help! Enjoy NYC.

 Have a great day, Kevin!

 You too! Enjoy your day.

ChatGPT   도움이 된 것 같아 다행이야! 뉴욕시 여행 즐겁게 하길 바라.

User   좋은 하루 보내, 케빈!

ChatGPT   너도! 좋은 하루 보내.

실제로도 뉴욕시 식당에서는 결제액 대비 18% 정도를 팁으로 내는 것이 일반적이었습니다. 그에 반해 서비스에 특별히 만족했다면 20% 정도를 내도 되고, 특별히 인상적인 서비스가 아니었다면 10%를 지불하거나 아예 지불하지 않는 경우도 있었습니다. 이처럼 팁은 강제성이 있는 것이 아니라 탄력적으로 적용되는 문화적인 현상이었지만, 요즘에는 커피숍에서 계산할 때 팁을 18, 20, 22% 중에서 무조건 선택해야 하는 경우가 있다든지, 레스토랑에서도 태블릿으로 계산하는 경우가 많아져 팁을 거절하기 어렵고 요구하는 금액 비중도 점점 늘고 있어 논란이 되고 있다고 하네요.

아래 프롬프트 예시는 한글과 영문이 같은 내용이고 결과도 같으므로 둘 중 하나만 입력해도 됩니다. 원하는 상황으로 설정하여 대화를 시작해보세요.

지금부터 크로아티아의 팁 문화를 주제로 대화를 시작하겠습니다. 현재 장소는 크로아티아 자그레브이며, 나는 식당이나 커피숍에서 계산할 때마다 팁을 어떻게 계산해야 하는지 혼란스러워하는 상황입니다. 당신은 현지인 친구 이반(Ivan)이 되어 나에게 친절하게 설명해줍니다. 이제 당신이 간단한 인사말로 대화를 시작해주세요.

한글 예시

We're starting a conversation about tipping culture in Croatia. Our current location is Zagreb, Croatia, and I'm confused about how to calculate tips every time I pay at a restaurant or coffee shop. You will now be my local friend Ivan, kindly explaining it to me. Now, please start the conversation with a simple greeting.

영문 예시

해외에서 길을 잃어버렸어요

1. 상황 설명

나는 발리 여행 중이에요. 바닷가 마을이 아니라 우붓 시내의 숙소가 많은 밀집 구역에 있다 보니 차를 렌트하지 않고 걸어다니고 있어요. 특히 오늘은 프라이빗 관광 차량 서비스도 이용하지 않고 혼자서 우붓 왕궁과 아직 공사 중인 시장을 비롯해 시내 이곳저곳을 거닐기로 한 날입니다. 시간이 멈춘 듯한 고요한 사원을 구경하고, 길 곳곳에 놓여 있는 차낭사리를 구경하면서 발리의 매력에 흠뻑 빠져 있던 나. 그런데 오오앗! 구경에 너무 몰입한 나머지 그만 길을 잃고 말았어요. 소나기도 쏟아지고 있어서 얼른 길을 찾아야 해요.

구글 지도를 봐도 선뜻 감이 오지 않습니다. 어느 길로 빠져야 좋을지 현지인이 된 챗GPT에게 물어보기로 합니다.

2. 프롬프트

정해진 프롬프트를 입력한 후 다음 내용을 추가로 입력해서 대화를 이어나가 보겠습니다.

지금부터 해외에서 길 찾기를 주제로 대화를 시작하겠습니다. 현재 장소는 인도네시아 발리 우붓 시장 근처이며, 나는 삼거리에서 어느 쪽으로 가야 할지 고민 중입니다. 당신은 근처에 있는 노점 상인으로 나에게 친절하게 길을 알려줍니다. 이제 당신이 먼저 간단한 인사말로 대화를 시작해주세요.

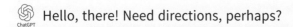회화 예시

Hello, there! Need directions, perhaps?

Thank you for your help. Yes, I am looking for the direction to the Ubud Palace.

Go straight, then take a right. It's near Lotus Cafe.

Thank you so much. So I have to go straight first, right?

Yes, that's correct. Continue straight first.

And then, turn right at the first intersection?

Yes, turn right at the first intersection.

But what confuses me is where the main road is when I go straight first.

ChatGPT   안녕하세요! 혹시 길 찾는 것 도와드릴까요?

User   도와주셔서 감사해요. 저는 지금 우붓 왕궁 가는 길을 찾고 있어요.

ChatGPT   직진하신 후에 오른쪽으로 꺾으시면 로터스 카페 근처에 있답니다.

User   대단히 감사드려요. 그럼 일단은 직진부터 하면 되는 것이지요?

ChatGPT   그렇지요. 일단은 직진하세요.

User   그런 다음에 첫 번째 교차로에서 오른쪽으로 가면 되는 거구요?

ChatGPT   맞습니다. 첫 번째 교차로에서 오른쪽이요.

User   좀 헷갈리는 것이요. 처음에 직진할 때 주요 도로가 어디인 거죠?

The main road is straight ahead. Don't worry.

 Thank you. So I'll just take the one straight ahead.

 Yes, keep going straight. You're on track.

 One more question, if I may?

 Of course. What's your question?

 I heard there will be a Legong dance performance at the palace in the evening. Do you happen to know anything about it?

 Yes, it's at 7 PM. Don't miss it!

ChatGPT 쭉 바로 앞으로 보이는 게 주요 도로예요. 그 부분은 걱정 안 하셔도 된답니다.

User 감사합니다. 그럼 우선 그냥 앞만 보고 갈게요.

ChatGPT 맞습니다. 앞으로 쭉 가시면 됩니다. 그 길이 맞는 길이에요

User 아, 혹시 질문 한 가지 더 드려도 괜찮을까요?

ChatGPT 그럼요. 어떤 게 궁금하신가요?

User 저녁에 왕궁에서 레공 댄스 공연이 있다고 들었어요. 혹시 이 공연에 대한 정보도 알고 계실까요?

ChatGPT 네, 오후 7시에 한답니다. 꼭 보시는 게 좋아요!

 우붓 왕궁에서 매일 저녁 열리는 레공 댄스 공연은
실제로도 꼭 볼 만하답니다.

👤 **USER** Do you know where I can buy a ticket for the performance?

🌀 **ChatGPT** At the palace entrance. They sell tickets there.

👤 **USER** That is awesome. Thank you for your info. Again, I should go straight ahead and then take a turn?

🌀 **ChatGPT** Yes, straight first, then turn right. Safe journey!

👤 **USER** Thanks a lot. Wish you all the best!

🌀 **ChatGPT** You're welcome! Enjoy the performance.

User 공연 티켓은 혹시 어디서 구입할 수 있을까요?

ChatGPT 왕궁 입구에서요. 거기서 현장 구매하실 수 있어요.

User 잘 알겠습니다. 알려주셔서 감사해요. 일단은 그럼 직진한 다음 꺾어서 가면 된다고 하셨었지요?

ChatGPT 네, 직진한 후 오른쪽으로 꺾으시면 뇌세요. 안전한 여행 되시길요!

User 감사합니다. 늘 행복하세요!

ChatGPT 천만에요! 공연 재밌게 보십시오.

자, 이렇게 오늘은 챗GPT와 함께 해외에서 길 찾는 연습을 해보았습니다.

직접 해보기 - 프롬프트 예시

아래 프롬프트 예시는 한글과 영문이 같은 내용이고 결과도 같으므로 둘 중 하나만 입력해도 됩니다. 원하는 상황으로 설정하여 대화를 시작해보세요.

👤 지금부터 해외에서 길 찾기를 주제로 대화를 시작하겠습니다. 현
한글 예시   재 장소는 페루 리마 아르마스 광장 근처이며, 나는 교차로에서 어
느 쪽으로 가야 할지 고민 중입니다. 당신은 벤치에 앉아 있는 현
지인으로 나에게 친절하게 길을 알려줍니다. 이제 당신이 먼저 간
단한 인사말로 대화를 시작해주세요.

👤 We're now going to have a conversation on the topic
영문 예시   of finding your way in a foreign country. Our current
location is near the Plaza de Armas in Lima, Peru,
and I'm trying to figure out which way to go at an
intersection. You are a local sitting on a bench, who
kindly offers to help me find my way. Now, as you
become this local, start our conversation with a brief
greeting.

해외여행 중 여권을 잃어버렸어요

1. 상황 설명

나는 친구들과 로마로 여행을 왔습니다. 로마는 『먹고 기도하라. 사랑하라』라는 엘리자베스 길버트 원작의 책과 영화를 보고 난 뒤 줄곧 오고 싶던 곳이었어요. 나는 그중에서도 특히 콜로세움 관광이 무척 즐거웠습니다. 그런데 아뿔싸! 행복감에 너무 들떠 있었는지 친구들과 함께 밖으로 나온 나는 그제야 여권을 잃어버렸다는 사실을 알게 됐어요. 하지만 당황하는 대신 경찰서에 얼른 신고하는 게 좋겠지요?
그럼 오늘은 챗GPT와 여권 분실 신고를 진행해보겠습니다!

2. 프롬프트

정해진 프롬프트를 입력한 후 다음 내용을 추가로 입력해서 대화를 이어나가 보겠습니다.

 지금부터 해외여행 중 여권 분실을 주제로 대화를 시작하겠습니다. 현재 장소는 이탈리아 로마이며, 여행객인 나는 현지 경찰서에서 여권 분실을 신고하려고 합니다. 당신은 로마 현지 경찰관으로 나에게 친절하게 대응 절차를 안내해줍니다. 로마 경찰서에 있는 경찰관이 되어 나에게 "뭘 도와드릴까요?" 하고 물어보면서 대화를 시작해주세요.

How may I assist you?

I think I lost my passport at the Colosseum!

That's unfortunate. Do you have any identification?

I do have my resident registration card with me.

Good. Let's begin the report process.

Thank you so much. Here is the filled-out form.

Excellent. I'll review this now.

Thank you, and I will contact our embassy.

That's wise. Keep us updated.

ChatGPT	무엇을 도와드릴까요?
User	콜로세움에서 여권을 잃어버린 것 같아요!
ChatGPT	그러셨군요. 혹시 다른 신분증 가지고 계실까요?
User	주민등록증은 있어요.
ChatGPT	다행이네요. 그럼 신고 접수 도와드리도록 할게요.
User	대단히 감사합니다. 여기 양식 작성했습니다.
ChatGPT	감사합니다. 바로 확인 도와드릴게요.
User	감사드려요. 그럼 저는 한국 대사관에 연락해보도록 하겠습니다.
ChatGPT	그렇게 하시죠. 추가적인 소식이 있으면 저희에게도 알려주시고요.

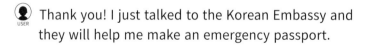 잠시 후.

Thank you! I just talked to the Korean Embassy and they will help me make an emergency passport.

Fantastic. Good luck with everything.

Thank you very much! You've been a great help.

You're welcome. Safe journey ahead.

Is there anything left for me to do here? What about the form that I filled out?

No, you're set. We'll handle the form.

Noted. Thank you again for your kindness, and all my best!

User	감사드려요! 방금 한국 대사관에 연락드렸더니 긴급여권을 발급할 수 있게 도와주신대요.
ChatGPT	잘됐네요. 일 처리가 순조롭게 진행되시길 바랍니다.
User	감사합니다! 정말 큰 도움이 됐어요.
ChatGPT	천만에요. 안전한 여행 되시길 바랍니다.
User	여기서 그럼 제가 뭐 더 해야 할 일이 있을까요? 제가 작성해드린 서류도 다 된 걸까요?
ChatGPT	따로 더 해주실 건 없습니다. 서류는 저희가 알아서 처리하겠습니다.
User	잘 알겠습니다. 친절하게 도움 주셔서 다시 한번 감사하고요. 늘 건강하세요!

You're welcome. Take care.

ChatGPT 감사합니다. 안녕히 가세요.

여권을 잃어버려서 막막한 상황이었지만, 친절한 경찰관의 도움으로 분실 내용을 접수하고 당황하지 않고 내사관에 연락해 긴급여권 발급 절차까지 알아볼 수 있었어요. 오늘의 회화 연습도 챗GPT 덕분에 성공적이었네요!

직접 해보기 - 프롬프트 예시

아래 프롬프트 예시는 한글과 영문이 같은 내용이고 결과도 같으므로 둘 중 하나만 입력해도 됩니다. 원하는 상황으로 설정하여 대화를 시작해보세요.

한글 예시
지금부터 해외여행 중 여권 분실을 주제로 대화를 시작하겠습니다. 현재 장소는 태국 방콕이며, 여행객인 나는 현지 경찰서에서 여권 분실을 신고하려고 합니다. 당신은 방콕 현지 경찰관으로 나에게 친절하게 대응 절차를 안내해줍니다. 방콕 경찰서에 있는 경찰관이 되어 나에게 "뭘 도와드릴까요?" 하고 물어보면서 대화를 시작해주세요.

영문 예시
Now we'll start a conversation on the topic of losing a passport during a trip abroad. Our current location is Bangkok, Thailand, and as a tourist, I'm at the local police station trying to report my lost passport. You will play the role of a local police officer in Bangkok and kindly guide me through the procedure. As a police officer in the Bangkok police station, start the conversation by asking, "How can I assist you?"

가방을 분실했어요

1. 상황 설명

나는 프랑스 파리를 여행하고 있어요. 친한 친구들 몇 명과 오랫동안 기다려온 여행이라 마음이 무척 설레고 즐겁습니다. 4박 5일 일정으로 빠듯하게 떠나온 여행이라 부지런하게 움직여야 해요. 그래서 오늘은 루브르 박물관에 들렀다가 팔레 루아얄 - 뮤제 뒤 루브르(Palais Royal - Musée Du Louvre)역에서 지하철을 타고 일부러 조금 더 멀리 야경이 예쁘다고 하는 트로카데로(Trocadéro)역에서 내려 걸어가면서 에펠탑 야경을 감상하기로 합니다.

그런데 이럴수가! 지하철역에서 내리려고 하는데 어디선가 가방을 분실한 사실을 그제야 알게 됐어요. 오늘은 가방 분실을 경찰에 신고할 수 있도록 도와줘, 챗GPT!

2. 프롬프트

정해진 프롬프트를 입력한 후 다음 내용을 추가로 입력해서 대화를 이어나가 보겠습니다.

지금부터 가방 분실 신고를 주제로 대화를 시작하겠습니다. 현재 장소는 프랑스 파리이며, 나는 매고 있던 배낭을 분실해 경찰서에서 신고를 합니다. 당신은 영어를 할 줄 아는 현지 경찰이 되어 나에게 대응 절차를 알려줍니다. 이제 당신이 간단한 인사말로 대화를 시작해주세요.

회화 예시

🔵 **ChatGPT** Hello, how can I assist you?

⚫ **USER** I lost my backpack and would appreciate your assistance in reporting this occasion, please.

🔵 **ChatGPT** I'm sorry to hear that. Could you describe your backpack?

⚫ **USER** It's yellow and lilac, with 'Ella' written at the top right.

🔵 **ChatGPT** Noted. When did you lose it?

⚫ **USER** I lost it today. I noticed it missing on the subway to the Eiffel Tower.

🔵 **ChatGPT** I see. We'll start a search immediately.

ChatGPT 안녕하세요. 무엇을 도와드릴까요?

User 실은 제가 백팩을 분실해서 분실 신고를 해야 하는데 도와주시면 감사하겠습니다.

ChatGPT 그러셨군요. 어떻게 생긴 백팩인지 좀 알려주시겠습니까?

User 노랑이랑 연보라로 되어 있구요. 오른쪽 위에 'Ella'라고 적혀 있는 가방입니다.

ChatGPT 알겠습니다. 혹시 언제 분실하셨는지요?

User 오늘 잃어버렸어요. 에펠탑 가는 지하철 안에서 가방이 없어진 걸 알게 됐습니다.

ChatGPT 알겠습니다. 저희가 즉시 찾아보겠습니다

USER Thank you very much. Is there any form that I need to fill in?

ChatGPT Yes, there's a form to complete.

USER Could I please have the form to fill out?

ChatGPT Certainly. Here's the form.

User   감사드립니다. 혹시 작성해야 하는 서류가 있을까요?

ChatGPT   네, 작성해주셔야 하는 서류가 하나 있습니다.

User   그럼 혹시 서류 좀 건네주실 수 있을까요?

ChatGPT   그럼요. 여기 있습니다.

 자, 이제 분실 신고서를 작성했습니다.

USER Thank you. I just completed the form.

ChatGPT Great. I'll process it now.

USER Do you think I can find it anytime soon?

User   감사합니다. 여기 서류 작성했어요.

ChatGPT   좋습니다. 바로 처리 도와드릴게요.

User   제가 가방을 조만간 찾을 수 있을까요?

ChatGPT We'll do our best to find it.

 USER I will look forward to hearing back from you.

 ChatGPT We'll contact you as soon as possible.

ChatGPT   저희가 찾아드릴 수 있도록 최선을 다하겠습니다.

User   그럼, 소식 기다리고 있겠습니다.

ChatGPT   최대한 빨리 연락 드리겠습니다.

직접 해보기 - 프롬프트 예시

아래 프롬프트 예시는 한글과 영문이 같은 내용이고 결과도 같으므로 둘 중 하나만 입력해도 됩니다. 원하는 상황으로 설정하여 대화를 시작해보세요.

 한글 예시 지금부터 가방 분실 신고를 주제로 대화를 시작하겠습니다. 현재 징소는 스페인 마느리드이며, 나는 매고 있던 배낭을 분실해 경찰서에서 신고를 합니다. 당신은 영어를 할 줄 아는 현지 경찰이 되어 나에게 대응 절차를 알려줍니다. 이제 당신이 간단한 인사말로 대화를 시작해주세요.

 영문 예시 Now we'll start a conversation on the topic of reporting a lost bag. Our current location is Madrid, Spain, and I'm at a police station reporting a backpack I lost. You will play the role of a local police officer who speaks English and explains the process to me. Now, you start the conversation with a brief greeting.

Chapter 6

외국인과의 갑작스러운 대화

UNIT
01

해외여행 중 운명을 느꼈어요
영어로 대시하기

1. 상황 설명

나는 노르웨이 여행 중입니다. 추운 나라라 그런지 이곳은 사람들 분위기도 전반적으로 무뚝뚝한 편이에요. 그렇지만 자연이 너무나 아름답고 현지인분들도 알고 보면 친절하고 마음이 따뜻한 분들이어서 꽤 만족하면서 여행을 이어가고 있답니다. 오늘은 피오르드(fjord, 협만)를 본 다음 숙소에 들어가서 미뤄둔 여행일지를 쓰려고 해요. 그런 생각을 하며 피오르드 크루즈 선박에서 바깥 경관을 보고 느긋하게 따뜻한 커피를 마시고 있는데, 글쎄… 두둥! 지구 반대편인 이곳에서 생각지도 못한 나의 이상형을 발견합니다. 그녀는 혼자 여행 중인 노르웨이 출신의 디자이너 노라(Nora)라고 해요.

챗GPT, 어떻게 해야 그녀의 마음을 사로잡을 수 있을까? 내가 긴장을 풀수 있게 대화 연습 상대가 돼줘!

2. 프롬프트

정해진 프롬프트를 입력한 후 다음 내용을 추가로 입력해서 대화를 이어나가 보겠습니다.

지금부터 해외여행 중 대시하기를 주제로 대화를 시작하겠습니다. 현재 장소는 노르웨이이며, 나는 피오르드를 여행하고 있습니다. 당신은 같은 배에 타고 있던 탑승객이자 디자이너인 노라(Nora)이며, 나는 당신에게 한눈에 반합니다. 이제 당신이 간단한 인사말로 대화를 시작해주세요.

Hello, there! Beautiful fjords, aren't they?

Yes, they are amazing.

I agree. Norway's nature is stunning.

Are you travelling alone?

Yes, I am. It's an adventurous journey.

ChatGPT	안녕하세요! 피오르드가 참 아름답네요. 그죠?
User	네, 놀라울 정도예요.
ChatGPT	저도 그렇게 생각해요. 노르웨이의 자연은 경이로움 그 자체랍니다.
User	혼자 여행 중이신가요?
ChatGPT	네, 맞아요. (혼자서) 모험을 하는 중이랍니다.

위 문장과 비슷한 뜻이지만 '혼자서'라는 의미를 강조하고 싶다면 'solo'라는 단어를 넣어 "I love solo adventures(혼자 하는 모험을 즐긴답니다)"처럼 말할 수 있으니 참고해보세요.

I am here alone too, to travel both Oslo and Bergen.

User	저도 혼자와서 오슬로와 베르겐을 여행하는 중이에요.

136

Great choices! Both cities have so much to offer.

 What's your name? May I ask?

 Of course! I'm Nora, nice to meet you.

 Great to meet you, Nora. I am Woosung from S. Korea.

 Nice to meet you, Woosung. Welcome to Norway!

ChatGPT 멋진 도시들이죠! 두 곳 모두 볼거리도 경험할 것도 정말 많아요.

User 혹시 괜찮으시다면 성함을 여쭤봐도 되겠습니까?

ChatGPT 물론이죠! 저는 노라예요. 만나서 반가워요.

User 저도 반갑습니다, 노라 씨. 저는 한국에서 온 우성이라고 합니다.

ChatGPT 반갑습니다, 우성 씨. 노르웨이에 오신 걸 환영해요!

 어떻게 주인공의 질문 타이밍 좀 괜찮았나요? 하하, 이렇게 해서 순식간에
통성명까지 성공했네요!

 Thank you. Would you mind if I ask what you do for a
living, Nora, and what brings you here?

 I'm a designer. I'm here for inspiration.

User 감사합니다. 혹시 직업도 여쭤보면 실례일까요? 이곳에는 어떤 일로 오셨는
지도 궁금합니다.

ChatGPT 디자이너예요. 영감을 얻으려고 여행 중이고요.

흥미로운데요. 좀 더 대화를 이어가 보도록 합니다.

 USER I am a computer programmer! We might have a lot to talk about as a programmer and a designer. How awesome!

 ChatGPT Absolutely, Woosung. Exciting to share experiences!

 USER As a designer, you must have some interesting insights into the tech world too. How do you find ways to incorporate new technology into your work, normally?

 ChatGPT I always stay updated on tech trends. It influences my designs.

 USER That sounds interesting!

User	저는 컴퓨터 프로그래미예요! 프로그래머와 디자이너라니, 우리 서로 통하는 이야기가 많을 것 같은데요. 너무 좋네요!
ChatGPT	그러게요, 우성 씨. 서로 경험을 나누게 되어 기쁘네요!
User	아무래도 디자이너이시니까 기술 세계에 대해서도 흥미로운 통찰력을 갖고 계실 것 같아요. 보통 업무에 새로운 기술을 적용하는 방법은 어떻게 찾고 계시나요?
ChatGPT	기술 트렌드에 대해서 놓치지 않고 소식을 접하는 편이에요. 제 디자인에도 영향을 미치거든요.
User	정말 흥미로운데요!

Thank you! It keeps my work fresh.

 Very nice. I was wondering, by any chance, if you want to meet me over dinner tonight or lunch tomorrow for further discussions? I feel that it will be a wonderful talk, I am sure.

 Sure, dinner sounds great. Looking forward to it.

ChatGPT 고맙습니다! 그렇게 해서 작업이 매번 새롭도록 하는 편이에요.

User 멋지네요. 말이 나온 김에, 혹시 오늘 저녁이나 내일 점심식사 함께 하시면서 좀 더 이야기 나눠보는 거 어떠실까요? 즐거운 대화가 될 것 같습니다.

ChatGPT 저녁식사 좋죠. 기대할게요.

이렇게 해서 우리의 노르웨이 친구, 그래픽 디자이너인 노라와 주인공이 저녁식사를 함께하게 됐네요. 오늘의 회화 연습에서는 왠지 K-드라마 보는 듯한 기분이 드는 건 저뿐일까요?

직접 해보기 - 프롬프트 예시

아래 프롬프트 예시는 한글과 영문이 같은 내용이고 결과도 같으므로 둘 중 하나만 입력해도 됩니다. 원하는 상황으로 설정하여 대화를 시작해보세요.

👤 지금부터 해외여행 중 대시하기를 주제로 내화를 시작하겠습니다.
한글 예시　현재 장소는 프랑스 파리이며, 나는 에펠탑 근처를 여행하고 있습니다. 당신은 파리 시민이며, 나는 당신에게 한눈에 반합니다. 이제 당신이 간단한 인사말로 대화를 시작해주세요.

👤 We will now start a conversation based on the topic
영문 예시　of a flirtatious encounter during a trip abroad. Our current location is Paris, France, and I am touring around the Eiffel Tower. You are a resident of Paris and I am immediately smitten by you. Now, please start the conversation with a simple greeting.

40일 만에 영어가 나온다!

챗GPT 영어회화

갑자기 외국인이 길을 물어봐요

1. 상황 설명

나는 혼자 길을 가고 있습니다. 따뜻한 봄날 싱그러운 햇살을 받으며 남산 산책로를 걷고 있는 나는 행복감에 젖어 있어요. 이제 여름이 오는 것도 머지 않았구나 하는 생각을 하면서 어디선가 들려오는 물소리에도 잠시 귀를 기울여봅니다. 길가에 핀 원추리 꽃도 구경하고요. 아, 그런데 갑작스럽게도 지나가던 외국인의 질문을 받게 됐어요. 그것도 영어로! 외국인과의 대화 공포증이 있는 나! 그렇지만 챗GPT의 도움으로 이제는 유창하게 설명해줄 수 있어요.

2. 프롬프트

정해진 프롬프트를 입력한 후 다음 내용을 추가로 입력해서 대화를 이어 나가 보겠습니다.

지금부터 길 알려주기를 주제로 대화를 시작하겠습니다. 현재 장소는 남산 산책로이며, 길을 걷던 나는 외국인을 마주쳤습니다. 외국인은 나에게 남산서울타워 가는 길을 물어봅니다. 이제 당신이 외국인이 되어 나에게 길을 물어오면서 대화를 시작해주세요.

회화 예시

🔵 ChatGPT Excuse me, can you guide me to Namsan Seoul Tower?

👤 USER You have two options: take the bus no. 01 or walk up.

🔵 ChatGPT How long does the bus take?

👤 USER Less than 10 minutes by bus or around 30 minutes by foot.

🔵 ChatGPT Where can I catch the bus?

👤 USER The closest stop is Namsan North Circuit Road. You can go right up there and it will be on your right side.

🔵 ChatGPT Thank you! And what's the fare?

👤 USER It's 1,300 KRW.

ChatGPT	실례지만 남산서울타워에 가는 길 좀 알려주시겠습니까?
User	두 가지 옵션이 있어요. 01번 버스를 타시거나 걸어 올라가실 수 있습니다.
ChatGPT	버스 타면 얼마나 걸리나요?
User	버스 타시면 10분 안 걸릴 거고, 걸어가시면 30분 정도 걸립니다.
ChatGPT	그럼 혹시 버스는 어디서 타야 할까요?
User	여기서 가장 가까운 정류장은 남산북측순환로 정류장이에요. 바로 저쪽으로 올라가시면 오른쪽에 보일 겁니다.
ChatGPT	감사합니다! 혹시 버스 타려면 요금은 어떻게 될까요?
User	1,300원입니다.

Great, and how frequent are the buses?

Buses come every 7~10 minutes as far as I know.

Thank you! And if I walk, which path is best?

You can go up this path all along and you'll get to the entrance of the tower.

Thank you! Is it a difficult walk?

Not at all! Rather, you can enjoy green trees and some wild flowers on the way, especially during this time of the year.

Sounds great! Are there any cafes along the path?

Not while you are walking up the path, but there are cafes inside the tower. They have got great views!

ChatGPT	좋네요. 버스가 얼마나 자주 다니지요?
User	제가 알기론 아마 7 ~ 10분에 한 대씩 올 거예요.
ChatGPT	고맙습니다! 그럼 만일 걸어 올라간다고 하면 어느 길로 가는 게 좋을까요?
User	그냥 이 길을 쭉 따라 올라가시면 타워 입구가 보일 거예요.
ChatGPT	감사해요! 걸어 올라가기 힘든가요?
User	전혀요! 오히려 초록이 무성한 나무와 몇몇 들꽃들도 감상하실 수 있어 좋지요. 이때가 한창이거든요.
ChatGPT	좋네요! 가는 길에 혹시 카페도 있을까요?
User	올라가시는 길에는 없지만 타워 안에는 있습니다. 뷰가 정말 좋아요!

That's wonderful! Thanks for your help.

 My pleasure. And in case you walk, there are signs everywhere. You cannot get lost.

 That's reassuring! Thanks again for your help.

 You are very welcome. And just make sure to go straight up ahead, following the signs.

 I'll keep that in mind. Have a great day!

ChatGPT	그렇군요! 도움 주셔서 고맙습니다.
User	천만에요. 그리고 걸어가실 경우 여기저기 표지판이 있어요. 길 잃으실 염려는 없을 겁니다.
ChatGPT	그거 다행이네요! 다시 한번 고맙습니다.
User	별말씀을요. 그냥 길 따라 쭉 올라가세요. 표지판만 따라가시면 됩니다.
ChatGPT	그렇게 하겠습니다. 좋은 하루 보내세요!

오늘은 이렇게 해서 길을 찾고 있는 낯선 외국인에게 길 안내를 해보았습니다. 챗GPT에게 고맙다는 인사를 하고 오늘의 회화 연습을 마무리합니다.

아래 프롬프트 예시는 한글과 영문이 같은 내용이고 결과도 같으므로 둘 중 하나만 입력해도 됩니다. 원하는 상황으로 설정하여 대화를 시작해보세요.

한글 예시
지금부터 길 알려주기를 주제로 대화를 시작하겠습니다. 현재 장소는 지하철 안이며, 나는 막 하차하려던 외국인과 눈을 마주쳤습니다. 외국인은 나에게 국립박물관 가는 길을 물어봅니다. 이제 당신이 외국인이 되어 나에게 방향을 물어오면서 대화를 시작해주세요.

영문 예시
We are now starting a conversation on giving directions. Our current location is inside a subway, and I just locked eyes with a foreigner who is about to get off. The foreigner asks me for directions to the National Museum. Now, you can start the conversation by becoming the foreigner and asking me for directions.

UNIT 03

아파 보이는 외국인이
도움을 요청했어요

점심시간이에요! 나는 사무실을 나와 근처 식당에서 점심을 먹으려고 길을 가고 있어요. 오늘 점심 메뉴는 아직 결정하지 않았지만, 아마도 거의 매일 찾아가는 큰길 건너편의 백반집에 가게 되지 않을까 해요. 날씨가 따뜻해졌으니 식후에는 시원한 아메리카노도 한 잔 사들고 들어오면 좋겠어요. 그런 생각을 하며 빌딩숲을 걸어가는데, 열 때문인지 얼굴에 홍조를 띤 외국인이 갑자기 말을 걸어오네요. 아마 도움이 필요한 것 같아요! 챗GPT, 오늘은 병원을 찾고 있는 외국인이 되어 나와 함께 대화를 나누자!

2. 프롬프트

정해진 프롬프트를 입력한 후 다음 내용을 추가로 입력해서 대화를 이어나가 보겠습니다.

지금부터 아파 보이는 외국인 도와주기를 주제로 대화를 시작하겠습니다. 현재 장소는 서울의 거리이며, 나는 점심을 먹으러 가는 길에 낯선 외국인을 마주칩니다. 당신은 길을 가던 낯선 외국인으로 열이 나고 아파 보입니다. 이제 당신이 아픈 외국인이 되어 먼저 "실례한다"는 간단한 인사말로 대화를 시작해주세요.

Excuse me, I feel unwell.

Sure! How can I help?

I think I have a fever.

I am sorry to hear that.

Could you guide me to a hospital?

I am actually on my way to the hospital building. You can follow me there.

That's very kind. Thank you.

Sure, I normally eat at the restaurant in that same building.

ChatGPT	실례합니다. 제가 몸이 좀 안 좋아서요.
User	네! 제가 어떻게 도와드리면 될까요?
ChatGPT	열이 좀 있는 것 같아요.
User	그러셨군요.
ChatGPT	병원으로 좀 안내해주시겠습니까?
User	실은 제가 지금 병원 건물로 가는 중입니다. 저를 따라와주세요.
ChatGPT	친절함에 감사드립니다.
User	괜찮습니다. 보통 그 건물에서 식사를 하거든요.

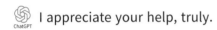 I appreciate your help, truly.

Sure. And here's the building. You can go up to the third floor.

Thank you. You're a lifesaver.

You're welcome. They also speak English at the reception in the hospital.

Great to know. Thank you again.

I guess you were lucky because not many hospitals have English services.

Yes, I am lucky indeed.

Take care, then. I hope you'll get better soon.

ChatGPT	도와주셔서 진심으로 감사합니다.
User	별말씀을요. 바로 이 건물입니다. 3층으로 올라가시면 됩니다.
ChatGPT	감사드립니다. 큰 도움이 됐습니다.
User	괜찮습니다. 그리고 이 병원에서는 안내데스크에서 영어로 안내받으실 수 있답니다.
ChatGPT	그렇군요. 고맙습니다.
User	보통은 영어 서비스가 없는 경우가 많으니 다행히도 운이 좋으셨던 것 같습니다.
ChatGPT	그러게요. 정말 운이 좋았네요.
User	그럼 건강하시고요. 곧 쾌차하시길 바랄게요.

🌀 **Thank you. Goodbye for now.**
ChatGPT

ChatGPT 감사합니다. 안녕히 가세요.

이렇게 해서 외국인이 무사히 진찰을 받도록 병원까지 함께 찾아가보았어요.

아래 프롬프트 예시는 한글과 영문이 같은 내용이고 결과도 같으므로 둘 중 하나만 입력해도 됩니다. 원하는 상황으로 설정하여 대화를 시작해보세요.

🔵 한글 예시

지금부터 아파 보이는 외국인 도와주기를 주제로 대화를 시작하겠습니다. 현재 장소는 이스탄불의 지하철 역이며, 당신이 나에게 도움을 요청하는 상황입니다. 당신은 안색이 창백하고 아파 보이는 현지인이며, 저는 여행객입니다. 당신과 내가 눈이 마주쳤습니다. 이제 당신이 먼저 도움을 요청하는 내용으로 대화를 시작해주세요.

🔵 영문 예시

We are now starting a conversation about helping a foreigner who looks sick. Our current location is a subway station in Istanbul, and you are in a situation where you need to ask me for help. You are a local person who looks pale and sick, and I am a traveler. You and I have just made eye contact. Now, you start the conversation by asking for help first.

외국인 개발자가 입사했어요

1. 상황 설명

올 가을, 같은 팀에 새로운 개발자가 입사했어요! 우리 팀은 평상시에도 분위기가 좋지만 요즘은 프로젝트가 바빠서 각자 맡은 업무를 완수해내느라 다들 정신이 없었어요. 그러던 차에 새로운 개발자가 입사해서 오랜만에 편안하게 수다도 떨면서 이런저런 소소한 생활 팁을 들려줄 기회가 생겼답니다.

챗GPT, 오늘은 외국인 개발자가 돼줘. 회사 탕비실을 소개해줄게!

2. 프롬프트

정해진 프롬프트를 입력한 후 다음 내용을 추가로 입력해서 대화를 이어나가 보겠습니다.

지금부터 외국인 개발자 입사를 주제로 대화를 시작하겠습니다. 현재 장소는 회사 사무실이며, 우리는 사무실에서 일하고 있습니다. 외국인 개발자인 당신은 첫 출근이라 아직 사무실 환경에 익숙하지 않아요. 이제 당신이 외국인 개발자가 돼서 간단한 인사말로 대화를 시작해주세요.

Hello, I'm the new developer. Nice to meet you!

Welcome again!

Thank you! I'm happy to be here.

Glad to hear. Let's start with a tour of the pantry, one of the most important places!

Sounds great! I love a good pantry.

Exactly! And you could use a nice cup of coffee or tea to settle in.

Yes, I'd love some coffee. Thanks!

ChatGPT   안녕하세요. 저는 이번에 입사한 개발자입니다. 만나서 반갑습니다!

User   다시 한번 환영해요!

ChatGPT   고맙습니다! 입사하게 되어 기쁩니다.

User   그렇게 말씀해주시니 흐뭇하네요. 그럼 먼저 탕비실을 보여드릴게요. 아무래도 가장 중요한 곳이기도 하니까요!

ChatGPT   좋습니다! 탕비실은 최대 관심사죠.

User   제 말이요! 그리고 탕비실에서 맛있는 커피나 차 한잔하면 회사에 금세 적응되실 거예요.

ChatGPT   아닌 게 아니라 커피 좀 한잔하고 싶네요. 감사드려요!

 Let's get to our pantry, then!

Sure, I'm excited to see it!

User   그럼 탕비실로 이동하시죠!
ChatGPT 좋습니다. 기대됩니다!

 탕비실 도착 후.

How do you like the space?

It's fantastic! Very well-equipped.

Glad to hear! Any snack you'd like to have with your coffee?

Some cookies would be nice. Thanks!

Are chocolate chip cookies OK?

User   어떠세요? 마음에 드세요?
ChatGPT 정말 좋은데요! 시설이 참 잘 돼있네요
User   그쵸! 혹시 커피에 곁들일 간식도 필요하신가요?
ChatGPT 쿠키 몇 개 있으면 완벽할 것 같습니다. 감사해요!
User   초코칩 쿠키도 괜찮으세요?

Perfect! I love chocolate chip cookies.

 Sure, there you go. You can feel free to have anything in here anytime.

 Thanks a lot. That's very kind.

 Any questions about the pantry?

 No, everything's clear. Thank you!

ChatGPT	좋지요! 초코칩 쿠키 정말 좋아합니다.
User	좋습니다. 여기 있어요. 언제든지 이곳에 있는 음식은 뭐든 꺼내어 드셔도 돼요.
ChatGPT	감사합니다. 좋네요.
User	탕비실에 대해서 뭐 더 궁금하신 점 있으실까요?
ChatGPT	아뇨, 없습니다. 감사드려요!

자, 이렇게 해서 오늘은 새로 입사한 개발자 동료와 함께 즐거운 탕비실 투어를 해보았습니다.

직접 해보기 - 프롬프트 예시

아래 프롬프트 예시는 한글과 영문이 같은 내용이고 결과도 같으므로 둘 중 하나만 입력해도 됩니다. 원하는 상황으로 설정하여 대화를 시작해보세요.

한글 예시

지금부터 외국인 디자이너 입사를 주제로 대화를 시작하겠습니다. 현재 장소는 회사 사무실입니다. 외국인 디자이너인 당신은 첫 출근이라 아직 사무실 환경에 익숙하지 않아요. 이제 당신이 외국인 디자이너가 되어 간단한 인사말로 대화를 시작해주세요.

영문 예시

We're starting a conversation about a foreign designer starting a job. We're in the office. You're a foreign designer and it's your first day, so you're not yet familiar with the office environment. Now, as the foreign designer, please start the conversation with a simple greeting.

40일 만에 영어가 나온다!
챗GPT 영어회화

Chapter 7

외국인 친구와의 일상적인 대화

01 ···· 함께 수업 듣는 외국인 친구에게 근황을 물어요
02 ···· 외국인 동료에게 어떤 전자책 단말기를 사용하는지 물어요
03 ···· 외국인 친구에게 독서 모임을 제안해요
04 ···· 외국인 친구에게 왜 영화 자막이 불편한지 물어봐요

함께 수업 듣는 외국인 친구에게 근황을 물어요

1. 상황 설명

나는 요즘 퇴근 후 제2외국어 수업을 듣고 있습니다. 거기에는 한국말이 서툰 외국인 친구도 한 명 있습니다. 지난번 그 친구가 나에게 영어로 말을 걸어왔을 때 어색해서 제대로 대답하지 못했어요. 오늘은 지난번보다는 좀 더 적극적으로 답변하고 나도 안부를 물어볼 수 있도록 챗GPT와 미리 영어를 연습해 가기로 합니다. 좀 더 친해지면 차근차근 한국어로도 대화할 수 있겠지만, 그때까진 영어로 담소를 나누려고요.

챗GPT, 친구가 한국생활에 잘 적응하고 있는지, 영어로 근황을 물어볼 수 있게 도와줘!

2. 프롬프트

정해진 프롬프트를 입력한 후 다음 내용을 추가로 입력해서 대화를 이어 나가 보겠습니다.

 지금부터 안부 묻기를 주제로 대화를 시작하겠습니다. 현재 장소는 저녁 반 학원 교실이며, 나는 같은 수업을 듣는 외국인 당신에게 안부를 묻습니다. 당신은 내 외국인 친구이며, 나는 당신의 반 친구입니다. 이제 당신이 나에게 간단하게 인사를 하면서 대화를 시작해주세요.

🌀 Hello, how was your day?

👤 It was great. Thanks for asking!

🌀 That's good to hear! Studied much today?

👤 Well, I have been practicing Spanish with ChatGPT a lot lately, but not so much today.

🌀 That's interesting! Enjoying Spanish studies?

👤 Yes, I am enjoying it so much. What about you? Studying a lot?

🌀 Yes, I've been studying Korean. Challenging, but fun.

👤 That's great to hear! I am really excited for you!

ChatGPT	친구야, 오늘 하루 어떻게 보냈어?
User	잘 지냈지. 물어봐줘서 고마워!
ChatGPT	잘 지냈다니까 좋다! 오늘 공부 많이 했니?
User	최근에 챗GPT랑 스페인어 연습 열심히 하고 있는데, 오늘은 많이 안 했어.
ChatGPT	그렇구나! 스페인어 공부 재밌어?
User	응, 무척. 넌 어때? 요즘 공부 잘 하고 있어?
ChatGPT	응, 나 요즘에 한국어 공부하잖아. 어렵지만 재밌어.
User	그렇구나! 네가 한국어 공부한다니까 너무 좋다!

Thank you! I appreciate your support.

 Don't hesitate to reach out to me in case of any questions.

 I will, thank you! Your help means a lot.

ChatGPT   고마워! 힘나는걸.

User   혹시라도 물어볼 게 생기면 언제든 물어봐도 좋아.

ChatGPT   그럴게. 고마워! 큰 도움이 될 것 같아.

 참 훈훈한 친구들입니다.

 Of course, it's my pleasure!

 Great! Let's keep encouraging each other.

 Let's do that. Next time I see you, we can maybe practice a little bit of Korean too.

 Sounds like a plan! Looking forward to it.

User   별말씀을. 도움이 될 수 있어 기쁜걸!

ChatGPT   좋아! 우리 서로 이렇게 응원해주면서 열심히 해보자구.

User   그러자. 다음에 볼 땐 한국어 연습도 해봐도 좋고 말이야.

ChatGPT   그거 좋지! 기대하고 있을게.

👤 **USER** Any other news to share on your part before our class begins?

🔵 **ChatGPT** Not much, just excited for class. You?

👤 **USER** I am going on a short trip to Jeju soon.

🔵 **ChatGPT** That sounds fun! Have a great trip.

👤 **USER** Thanks.

User	수업 시작하기 전에 혹시 또 뭐 새로운 소식 알려줄 거 있니?
ChatGPT	특별한 건 없고 그냥 오늘 수업 기대된다는 거 정도? 넌?
User	난 조만간 짧게 제주도 여행 갈 거야.
ChatGPT	오, 재밌겠는걸! 즐거운 여행 되길.
User	고마워.

오늘은 이렇게 근황 토크에서 시작해서 서로에게 즐거운 응원까지 해보았습니다. 여러분도 챗GPT와의 회화 연습, 파이팅이에요!

직접 해보기 - 프롬프트 예시

아래 프롬프트 예시는 한글과 영문이 같은 내용이고 결과도 같으므로 둘 중 하나만 입력해도 됩니다. 원하는 상황으로 설정하여 대화를 시작해보세요.

👤 지금부터 안부 묻기를 주제로 대화를 시작하겠습니다. 현재 장소
한글 예시 는 취미반 요리교실이며, 나는 같은 수업을 듣는 외국인인 당신에 게 안부를 묻습니다. 당신은 내 외국인 친구이며, 나는 당신의 반 친구입니다. 이제 당신이 나에게 간단하게 인사를 하면서 대화를 시작해주세요.

👤 We are now starting a conversation on asking about
영문 예시 one's well-being. Our current location is a cooking class for hobbyists, and I, a fellow classmate, am asking about your well-being. You are my foreign friend, and I am your classmate. Now, you can start the conversation by saying hello to me.

외국인 동료에게 어떤
전자책 단말기를 사용하는지 물어요

1. 상황 설명

나는 지난번 친구가 알려준 대로 규칙적으로 영어로 말하고 읽으면서 영어를 연습하기로 했습니다. 연습에 활용할 때 말하는 건 챗GPT, 읽는 건 전자책 단말기의 도움을 받기로 결정했어요. 그런데 생각보다 전자책을 읽을 수 있는 앱과 전자책 단말기가 다양하다는 사실을 알게 됐습니다. 급난감해진 나는 평상시 전자책 단말기를 들고 다니면서 점심시간마다 책을 읽는 외국인 직장 동료에게 물어보기로 합니다.

친절한 동료는 흔쾌히 나에게 자신이 사용하는 전자책 단말기와 읽고 있는 책들을 소개해주네요!

2. 프롬프트

정해진 프롬프트를 입력한 후 다음 내용을 추가로 입력해서 대화를 이어나가 보겠습니다.

지금부터 전자책 단말기를 주제로 대화를 시작하겠습니다. 현재 장소는 점심식사를 하는 사내 식당이며, 나는 당신에게 전자책 단말기에 관해 묻습니다. 당신은 내 외국인 동료이며, 나는 그동안 전자책 단말기를 사용해 보지 않았습니다. 이제 당신이 나에게 간단하게 인사를 하면서 대화를 시작해주세요.

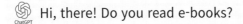 회화 예시

🌀 Hi, there! Do you read e-books?
ChatGPT

👤 It's funny because I was exactly going to ask you about
USER e-book readers!

🌀 Oh, really? What do you want to know?
ChatGPT

👤 You see, I am trying to develop a habit of reading in
USER English regularly and I think e-book readers can help.

🌀 Absolutely, e-book readers can assist. What's your
ChatGPT concern?

👤 I was just wondering if you have any recommendations
USER on e-book readers as I understand you enjoy reading
e-books.

ChatGPT   잘 지내시죠! 혹시 전자책 읽으시나요?

User   마침 전자책 단말기에 대해서 여쭤보려고 했는데 타이밍 딱이네요!

ChatGPT   정말요? 어떤 점이 궁금했는데요?

User   영어로 책 읽는 습관을 들이고 싶은데 혹시 전자책 단말기를 활용하면 도움
이 되지 않을까 해서요.

ChatGPT   그거 좋은 생각인데요. 전자책 단말기 사용하면 아무래도 도움되죠. 근데 어
떤 점이 궁금한 거예요?

User   혹시 전자책 단말기 중에 추천해줄 게 있나 싶어서요. 전자책 많이 읽으시
까 말예요.

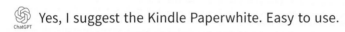
Yes, I suggest the Kindle Paperwhite. Easy to use.

Which would be the difference between Kindle and other e-book readers?

Kindle has a vast book store. Also, eye-friendly display.

Awesome! Thanks so much for sharing the information. I think I'll give it a go for Kindle as I would appreciate the wider selection.

You're welcome! Happy reading with Kindle.

Just for the sake of comparison, can you give me two other examples of e-book readers? I still want to check them out.

Sure, consider the Kobo Clara HD and Nook GlowLight Plus.

ChatGPT	네, 개인적으로 킨들 페이퍼화이트를 추천드리고 싶어요. 사용하기 쉽거든요.
User	그럼, 킨들이랑 다른 전자책 단말기는 서로 어떤 점이 다른가요?
ChatGPT	킨들은 고를 수 있는 책이 정말 많아요. 디스플레이가 눈에 부담되지 않고요.
User	그렇군요! 정보 주셔서 대단히 감사해요. 저도 책이 많은 게 좋으니까 킨들을 한번 사용해봐야겠어요.
ChatGPT	그러셔요! 킨들과 함께 즐거운 독서 되시길요.
User	비교용으로 다른 리더기 두 가지만 더 추천해주시겠어요? 아무래도 확인은 해보는 게 좋을 것 같아서요.
ChatGPT	그럼요. 코보 클라라 HD랑 누크 글로우라이트 플러스를 한번 살펴보세요.

What's unique about them?

Kobo supports multiple file formats. Nook is water-resistant.

By file formats, what do you mean?

Different types of e-book files. Like PDF, EPUB.

And what about water-resistance with the other e-book readers?

Kindle Paperwhite is also water-resistant. Nook too.

Great! I will check the three types of e-book readers soon. Which one are you using?

I'm using a Kindle Paperwhite. Very satisfied.

User	차별점은요?
ChatGPT	코보는 다양한 파일 형식이 지원되고, 누크는 방수가 돼요.
User	파일 포맷이라면 어떤 거 말씀이실까요?
ChatGPT	다양한 전자책 파일이 지원되거든요. PDF, EPUB 등등이요.
User	다른 전자책 단말기들은 방수가 안 되나요?
ChatGPT	킨들 페이퍼화이트는 가능해요. 누크도 방수되고요.
User	좋네요! 그럼 알려주신 세 가지로 조만간 확인해봐야겠어요. 직접 쓰고 계신 전자책 단말기는 뭐예요?
ChatGPT	저는 킨들 페이퍼화이트요. 아주 만족스럽답니다.

👤 **USER** Sounds good. Thanks again, and I may ask you again in case of further questions!

🔷 **ChatGPT** Of course! Don't hesitate to ask.

User 그거 좋네요. 다시 한 번 감사하고요. 혹시라도 질문 또 생기면 여쭤보도록 할게요.

ChatGPT 물론이죠! 고민 말고 물어보세요.

직접 해보기 - 프롬프트 예시

아래 프롬프트 예시는 한글과 영문이 같은 내용이고 결과도 같으므로 둘 중 하나만 입력해도 됩니다. 원하는 상황으로 설정하여 대화를 시작해보세요.

👤 **한글 예시** 지금부터 전자책 단말기를 주제로 대화를 시작하겠습니다. 현재 장소는 점심식사를 하는 사내 식당이며, 나는 당신에게 전자책 독자에 관해 묻습니다. 당신은 내 외국인 동료이며, 나는 그동안 전자책 단말기를 사용해보지 않았습니다. 이제 당신이 나에게 간단하게 인사를 하면서 대화를 시작해주세요.

👤 **영문 예시** We are now starting a conversation about e-book readers. Our current location is a company cafeteria where we are having lunch, and I am asking you about e-book readers. You are my foreign colleague, and I have never used an e-book reader before. Now, you start the conversation by greeting me first.

외국인 친구에게 독서 모임을
제안해요

1. 상황 설명

오늘은 외국인 친구들과 모임이 있는 날입니다. 모임에 참석할 친구들 중 미국에서 온 마이크(Mike)는 평상시에 책을 많이 읽는 친구예요. 나는 예전부터 영어 원서로 영어를 공부하고 싶었지만 어떤 책을 고를지 난감했습니다. 그렇게 고민하던 차에 마이크에게 며칠 전 메시지를 보내 적당한 책을 추천해줄 수 있겠냐고 물어봤어요. 그랬더니 흔쾌히 오늘 모임에 나올 때 알맞은 책을 한 권 가져오겠다고 했습니다.

나는 이 참에 마이크에게 독서 모임을 제안하기로 합니다.

2. 프롬프트

정해진 프롬프트를 입력한 후 다음 내용을 추가로 입력해서 대화를 이어나가 보겠습니다.

지금부터 독서 모임을 주제로 대화를 시작하겠습니다. 현재 장소는 카페이며, 나는 친구 마이크(Mike)와 영어 독서 모임에 대한 대화를 주고받습니다. 당신은 미국에서 온 내 친구 마이크이며 평상시에 책을 많이 읽습니다. 나는 영어를 할 줄 알지만 영어 원서를 읽은 적이 없습니다. 이제 당신이 마이크가 되어 요즘 읽고 있는 영어 책을 소개하며 대화를 시작해 주세요.

I'm reading "To Kill a Mockingbird". It's thought-provoking.

That sounds awesome. As I sent you my message the other day, I am really interested in starting a book club reading English books for beginners.

That's a great idea. Beginners could benefit from it.

I agree. Oh, and thanks so much for bringing the book today, BTW!

You're welcome! It's a good read.

So Mike, as I shared, I want to get familiar with reading English books. Where do you think I should start?

ChatGPT	요즘 『앵무새 죽이기』 읽고 있는데, 생각할 거리가 참 많더라.
User	그거 좋네. 근데 며칠 전에 너한테 문자 보냈었잖아. 내가 초급자들 대상으로 영어 책 읽는 독서 모임을 좀 시작해보고 싶거든.
ChatGPT	좋은 생각이야. 초급자들에게 도움이 많이 될 수 있지.
User	천만에! 정말 좋은 책이야.
ChatGPT	마이크, 지난번에 얘기한 것처럼 앞으로 영어 원서를 좀 더 편안하게 읽고 싶어. 내가 어떤 것부터 시작하는 게 좋을까?

Start with simple, engaging books. Maybe "Charlotte's Web"?

What is it about? Would it be easier for me to read than "To Kill a Mockingbird"?

It's a tale of friendship. It's simpler than "Mockingbird".

Got it! Is it also useful for the adult readers like me?

Absolutely. It's timeless and profound.

Awesome!

I'm glad you're interested. Enjoy reading!

ChatGPT	그럼 쉬우면서도 몰입감이 높은 책부터 도전해 봐. 『샬롯의 거미줄』 같은 책 말이야.
User	어떤 내용이야? 『앵무새 죽이기』보다는 읽기 수월할까?
ChatGPT	우정에 관한 얘기야. 『앵무새 죽이기』보다 단순하고.
User	알겠어! 그럼 어른들이 읽어도 좋을 만한 내용인 거지?
ChatGPT	그럼. 시대를 뛰어넘는 명작이고, 내용도 깊이 있어.
User	그렇구나!
ChatGPT	네가 흥미 있어 하니 다행이야. 즐독하길!

 이쯤해서 독서 모임을 제안해봅니다.

👤 **USER** Actually, I am wondering if you can help me start reading the book. It can be a weekly book club so we can exchange what we've read for the past one week.

🔄 **ChatGPT** Sounds great. I'd love to help.

👤 **USER** Great! Then, before we pick a day, how about gathering more friends to join us?

🔄 **ChatGPT** Excellent idea. More perspectives, more fun.

👤 **USER** How many friends can you call?

🔄 **ChatGPT** I can invite three friends. Sounds good?

👤 **USER** Sounds like a plan! Let's then start as a group of five.

🔄 **ChatGPT** Perfect. Five is a good number.

User 근데 책 읽는 거 처음에 좀 도와줄 수 있을까 싶어. 주간 독서 모임을 해서 한 주간 읽은 내용을 토론해봐도 좋고 말이야.

ChatGPT 그거 괜찮네. 내가 도와줄게.

User 잘됐다! 그럼 우리 모임 날짜 정하기 전에 친구들부터 몇 명 더 모아보는 게 어떨까?

ChatGPT 그것도 좋지. 다양한 관점을 접할수록 더욱 즐거운 법이니까.

User 몇 명 정도 부를 수 있겠어?

ChatGPT 난 세 명 초대할 수 있을 것 같아. 그 정도면 괜찮을까?

User 딱 좋다! 그럼 다섯 명으로 시작해보기로 하자.

ChatGPT 좋았어. 다섯 명이라니 숫자도 딱 좋은걸.

이 정도면 책을 좋아하는 친구들 다섯 명이서『샬롯의 거미줄』을 즐겁게 읽으며 성공적인 독서 모임이 될 것 같죠? 오늘은 이렇게 마이크가 되어준 챗GPT와 독서 모임에 대한 이야기를 나눠보았습니다.

직접 해보기 - 프롬프트 예시

아래 프롬프트 예시는 한글과 영문이 같은 내용이고 결과도 같으므로 둘 중 하나만 입력해도 됩니다. 원하는 상황으로 설정하여 대화를 시작해보세요.

한글 예시
지금부터 축구 동호회를 주제로 대화를 시작하겠습니다. 현재 장소는 카페이며, 나는 친구 헨리(Henry)와 영어 축구 동호회에 대한 대화를 주고받습니다. 당신은 영국에서 온 내 친구 헨리이며 평상시에 운동을 좋아합니다. 나와 당신은 새로 축구 동호회를 시작하고자 합니다.
이제 당신이 헨리가 되어 근황을 물어오며 대화를 시작해주세요.

영문 예시
We are now starting a conversation about a soccer club. Our current location is a cafe, and I am having a conversation with my friend Henry about an English soccer club. You are my friend Henry, who came from England and usually enjoys sports. We both want to start a new soccer club. Now, you, as Henry, should start the conversation by asking about recent news.

UNIT 04

외국인 친구에게 왜 영화 자막이 불편한지 물어봐요

1. 상황 설명

나는 한국에 놀러온 유럽의 친구로부터 영화 볼 때 자막 읽기가 귀찮다는 얘기를 들었어요. 유럽, 남미의 더빙 문화에 대해, 그리고 특히 독일의 경우 성우가 정말 많고 분야별로 전문화되어 있다는 이야기도 들었었지만, 애니메이션 빼고는 더빙된 콘텐츠를 찾지 않는 우리와 많이 달라 친구의 얘기에 나는 또 한 번 놀라게 됐어요. 그래서 이번에 물어보기로 했어요. 이탈리아에서 온 내 친구는 나에게 더빙 문화의 역사적인 배경을 간단하게 설명해줍니다.

챗GPT, 오늘은 영어를 잘하는 나의 유럽 친구 알레시아가 되어 더빙의 역사에 대해 설명해줘!

2. 프롬프트

정해진 프롬프트를 입력한 후 다음 내용을 추가로 입력해서 대화를 이어나가 보겠습니다.

 지금부터 유럽의 더빙 문화를 주제로 대화를 시작하겠습니다. 현재 장소는 한국으로, 우리는 영화 관람 시 더빙, 자막 선호 여부에 대해서 이야기를 나눕니다. 당신은 내 친구 알레시아(Alessia)이며, 이탈리아에서 한국으로 여행을 왔습니다. 이제 알레시아가 된 당신이 먼저 대화를 시작해주세요.

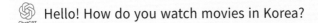 회화 예시

🌀 **ChatGPT** Hello! How do you watch movies in Korea?

👤 **USER** Hello Alessia! I will explain, of course! But before that, welcome to Korea. I am glad you're here to travel.

🌀 **ChatGPT** Thank you! I'm excited to learn more.

👤 **USER** Glad to hear. So back to our movie culture.

🌀 **ChatGPT** Yes, tell me about it.

👤 **USER** We generally prefer subtitles in South Korea.

🌀 **ChatGPT** Oh, interesting! Different from Italy.

ChatGPT	안녕! 한국의 영화 관람 방식이 궁금해.
User	알레시아, 안녕! 그거 내가 설명해줄게! 그 전에 먼저 한국에 온 거 환영한다. 네가 이곳에 여행 와서 기뻐.
ChatGPT	고마워! 이곳에서 많은 걸 알아갈 일이 기대된다.
User	그러게 말이야. 아무튼 그럼 우리 영화 관람 방식을 알려줄게.
ChatGPT	응, 궁금해.
User	한국에서는 보통 자막을 선호하는 편이야.
ChatGPT	오, 그거 신기하네! 이탈리아랑 다르다.

I heard, in Italy, where you are from, the dubbing industry has a long history and is huge.

Yes, that's right! We mostly dub foreign films.

How is that so?

It's been a tradition since the post-war period.

Aha.

Yes, it's quite a unique aspect.

As for us, we no longer look for dubbed contents in South Korea, except for children's animations.

Interesting! Subtitles help in learning English?

User	내가 듣기로는 네 고향 이탈리아의 경우, 더빙 산업이 역사도 길고 규모도 크다고 들었어.
ChatGPT	응, 맞아! 우린 외국 영화의 경우 대부분 더빙을 하지.
User	그건 왜 그런 거야?
ChatGPT	그냥 전후부터 쭉 이어져 온 전통이야.
User	그렇구나.
ChatGPT	응, 고유한 문화라고 할 수 있지.
User	한국에서는 더 이상 더빙된 콘텐츠를 보지 않는 편이야. 아이들을 위한 애니메이션을 제외한다면 말이야.
ChatGPT	그거 재밌는 사실이네! 자막을 사용하면 영어 공부에 도움이 돼서 그럴까?

You can say that, but the main reason is that we are more used to seeing subtitles with the original voices by the actors.

Makes sense. Original voices add authenticity.

What about in Italy? Why do you prefer dubbed films again?

Italians often prefer understanding dialogue instantly.

And you're more accustomed to it.

Yes, it's deeply ingrained in our culture.

How long has the dubbing culture been around?

It's been around since the 1930s.

User	그럴지도 모르지만, 주된 이유는 배우들의 실제 목소리로 영화를 감상하면서 자막을 보는 편이 더 익숙해서라고 하는 편이 맞을 거야.
ChatGPT	무슨 말인지 이해된다. 배우들의 실제 목소리로 감상하면 영화 본래의 맛이 살아나긴 하지.
User	이탈리아에선 어때? 왜 더빙 영화를 좋아하는 거라고 그랬지?
ChatGPT	우린 인물들의 대사를 즉각 이해하는 게 더 좋거든.
User	그러다 보니 더빙으로 듣는 게 더 익숙하겠고 말이야.
ChatGPT	그렇지. 이미 문화 속에 깊이 박혀 있다고 볼 수 있어.
User	그럼 더빙이 생긴 건 언제쯤부터야?
ChatGPT	1930년대부터지.

Almost 100 years!

Indeed! It's a long-standing tradition.

Now I understand why Italians love dubbed contents.

Yes, it's truly a part of our lifestyle.

User   백년이 다 되어가네!

ChatGPT 그러니까 말이야! 더빙은 우리의 오래된 전통이라고 할 수 있어.

User   이제 나도 이탈리아분들이 왜 더빙을 사랑하는지 확실히 알겠다.

ChatGPT 그치? 우리 라이프스타일의 일부라고 보면 돼.

직접 해보기 - 프롬프트 예시

아래 프롬프트 예시는 한글과 영문이 같은 내용이고 결과도 같으므로 둘 중 하나만 입력해도 됩니다. 원하는 상황으로 설정하여 대화를 시작해보세요.

한글 예시
지금부터 유럽의 외식 문화를 주제로 대화를 시작하겠습니다. 현재 장소는 한국으로, 우리는 외식 문화에 대해서 이야기를 나눕니다. 당신은 내 친구 로즈(Rose)이며, 영국에서 한국으로 여행을 왔습니다. 이제 로즈가 된 당신이 먼저 대화를 시작해주세요.

영문 예시
Korea, and we are discussing dining culture. You are my friend Rose, who has traveled from England to South Korea. Now, you as Rose, should start the conversation.

40일 만에 영어가 나온다!

챗GPT 영어회화

Chapter **8**

외국인 친구와
K-문화를 교류해요

UNIT 01

영국에서 놀러온 친구에게
한국의 양념치킨을 소개해요

1. 상황 설명

영국인 친구가 한국에 놀러왔어요. 그런데, 글쎄! 친구가 아직까지 한 번
도 양념치킨을 먹어보지 못했다는 거 아니겠어요? 우리로선 상상할 수
없는 일! 그래서 친구에게 다양한 한국의 치킨 메뉴를 소개하고 싶었던
나는 오늘 점심 좋아하는 치킨집에 예약을 합니다. 마침 친구도 다른 약
속이 없다고 해요. 예약한 곳은 양념치킨 세트 메뉴 가성비가 좋은 나만
의 완소 가게랍니다. 다행히⑦ 채식주의자가 아닌 우리의 영국인 친구에
게 오늘은 제대로 매콤달콤한 한국의 양념치킨을 소개하기로 합니다.
챗GPT, 오늘은 나와 함께 다양한 치킨 메뉴를 탐방하자!

2. 프롬프트

정해진 프롬프트를 입력한 후 다음 내용을 추가로 입력해서 대화를 이어
나가 보겠습니다.

지금부터 한국의 다양한 치킨 메뉴를 주제로 대화를 시작하겠습니다. 현
재 장소는 한국의 한 치킨집으로, 나는 영국에서 놀러온 친구에게 양념치
킨을 대접합니다. 영국인 친구 해리슨(Harrison)이 된 당신은 난생처음
한국의 양념치킨을 경험하고 감탄합니다. 이제 해리슨이 된 당신이 먼저
대화를 시작해주세요.

ChatGPT: This chicken is amazing! What's it called?

USER: It's the Korean fried chicken I told you about. Is it too spicy for you?

ChatGPT: No, it's just right. I love it!

USER: I am glad you like it! It's also a little sweet, isn't it?

ChatGPT: Yes, it's sweet and spicy. Unique combination!

USER: It's one of my favorite.

ChatGPT: I can see why. It's delicious!

USER: Right? I wonder how it is different from the chicken dish you'd expect from the UK.

ChatGPT	이 치킨 정말 맛있는걸! 메뉴 이름이 뭐야?
User	내가 이야기했던 한국식 양념치킨이야. 혹시 많이 맵니?
ChatGPT	아니, 딱 좋은데. 정말 맛있다!
User	맛있다니까 기쁘다! 달착지근하지?
ChatGPT	응, 달면서 매운데? 이거 참 오묘한 조합이다!
User	내가 제일 좋아하는 메뉴야.
ChatGPT	왜 그런지 알겠는걸. 맛있어, 정말!
User	그치? 혹시 영국의 치킨 메뉴랑은 어떻게 다른지 궁금하다.

It's more flavorful. UK chicken is simpler.

 How is that so?

 UK chicken is usually just fried. Less sauce.

 Aha!

 This Korean chicken is special. I'll remember it.

 Very happy to hear that. There's a variety of other chicken menus too.

 Really? I'd love to try more!

ChatGPT	맛이 좀 더 풍부해. 영국의 치킨은 좀 더 단순한 편이야.
User	그래? 어떻게?
ChatGPT	보통 튀기면 끝이거든. 소스를 덜 쓰지.
User	그렇군!
ChatGPT	한국식 치킨은 특별한 맛이야. 기억에 남을 것 같아.
User	그렇다니까 너무 기분 좋다. 그리고 다른 치킨 메뉴들도 많이 있어.
ChatGPT	정말이야? 먹어보고 싶다!

 다양한 치킨 메뉴를 소개할 수 있는
절호의 기회입니다.

USER Garlic Chicken, Hot Spicy Chicken, Cheese Chicken, Honey Butter Chicken, Soy Garlic Chicken, BBQ Chicken, Sweet Chili Chicken, Lemon Pepper Chicken, Popcorn Chicken, Green Onion Chicken, Snow Cheese Chicken… The list goes on and on! We are creative with our chicken menus.

ChatGPT Sounds amazing! I'm excited to try more.

User 마늘 치킨, 매운맛 치킨, 치즈 치킨, 허니버터 치킨, 간장마늘 치킨, BBQ 치킨, 매콤달콤 치킨, 레몬후추 치킨, 팝콘 치킨, 파닭, 스노우치즈 치킨 등등 등. 그 외에도 정말 많아! 치킨 메뉴에 있어서 우린 정말 창의적이거든.

ChatGPT 그거 멋진걸! 앞으로 좀 더 다양하게 먹어봐야겠어.

이 정도면 오늘의 양념치킨 식사는 성공적이었던 것 같지요? 채식주의자가 아닐 경우 외국인 친구를 치킨집에 데려간다면 다양한 메뉴와 함께 무난한 선택지가 되지 않을까 합니다.

아래 프롬프트 예시는 한글과 영문이 같은 내용이고 결과도 같으므로 둘 중 하나만 입력해도 됩니다. 원하는 상황으로 설정하여 대화를 시작해보세요.

👤
한글 예시

지금부터 한국의 다양한 분식 메뉴를 주제로 대화를 시작하겠습니다. 현재 장소는 한국의 한 분식집으로, 나는 스페인에서 놀러온 친구에게 맛있는 분식을 대접합니다. 스페인 친구 키아라(Kiara)가 된 당신은 난생처음 한국의 분식을 경험하고 감탄합니다. 이제 키아라가 된 당신이 먼저 대화를 시작해주세요.

👤
영문 예시

We're starting a conversation about various Korean street food menus. We're in a Korean snack bar, and I'm serving delicious street food to my friend visiting from Spain. As Kiara, my Spanish friend, you're experiencing Korean street food for the first time and are amazed. Now, as Kiara, please start the conversation.

UNIT 02

외국인 친구가
저와 같은 가수를 좋아해요

1. 상황 설명

나는 어느 멋진 K팝 걸그룹을 좋아합니다. 신곡이 나올 때마다 알림 해놓고 기다리는 건 기본이고 한 번은 팬미팅에도 다녀왔어요. 언젠가 콘서트에도 가지고 가려고 뿅망치 응원봉도 구입해두었답니다. 하트 모양에 영롱한 핑크빛을 내는 예쁜 응원봉이에요. 집에 있는 책상에는 좋아하는 멤버의 포토카드도 진열해두었는데, 우리 집에 처음 놀러온 외국인 친구가 포토카드를 보더니 본인도 이 걸그룹을 제일 좋아한다면서 이것저것 물어오네요.

챗GPT, 같은 걸그룹을 응원하는 외국인이 돼서 즐거운 대화를 나누자!

2. 프롬프트

정해진 프롬프트를 입력한 후 다음 내용을 추가로 입력해서 대화를 이어나가 보겠습니다.

지금부터 걸그룹을 주제로 대화를 시작하겠습니다. 현재 장소는 우리 집이며, 영어를 잘하는 러시아 친구 라라(Lara)가 처음으로 놀러왔습니다. 당신은 내 책상의 포토카드를 보고 나에게 걸그룹에 대해 물어옵니다. 이제 당신이 나의 외국인 친구가 되어 간단한 질문으로 대화를 시작해주세요.

🔷 **ChatGPT** Who are these girl groups?

👤 **USER** They are BLACKPINK! I heard you also like them the other day!

🔷 **ChatGPT** Yes, I do. Who's your favorite?

👤 **USER** I love Jennie the most.

🔷 **ChatGPT** Why do you like Jennie?

👤 **USER** She is very talented and empowering.

🔷 **ChatGPT** That's great! Any favorite song?

👤 **USER** I love "Whistle," "How You Like That" and "Ddu-du Ddu-du."

ChatGPT	이 걸그룹들 모두 누구야?
User	블핑이잖아! 며칠 전에 너도 블핑 좋아한다고 그랬었지?
ChatGPT	응, 맞아. 넌 어느 멤버 제일 좋아하니?
User	나는 제니가 제일 좋더라.
ChatGPT	제니의 어떤 점이 좋은데?
User	재능도 뛰어나지만 무엇보다 좋은 에너지를 전해주잖아.
ChatGPT	그렇긴 하지! 제일 좋아하는 노랜?
User	"휘파람", "How You Like That"이랑 "뚜두뚜두" 정말 좋아해.

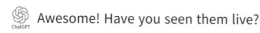

Awesome! Have you seen them live?

Not yet, but I plan on going to their concert next time, and I can't wait to see their performance in person.

That sounds exciting! Enjoy it.

Have you seen them live?

No, but I'd love to someday.

Would you like to join me for their next concert?

I'd love to. Sounds like fun!

Awesome. I also have two other friends coming and you'll like them!

ChatGPT	그렇구나! 혹시 라이브 공연도 본 적 있어?
User	아니, 아직. 그렇지만 다음 콘서트 때 가려고. 직접 공연 볼 일이 너무 기대되는 거 있지.
ChatGPT	그거 좋은데! 재밌게 보고 와.
User	넌 라이브로 블핑 공연 본 적 있어?
ChatGPT	아니. 근데 언젠가는 꼭 보고 싶어.
User	그럼 혹시 다음에 나 콘서트 갈 때 같이 갈래?
ChatGPT	그거 좋지. 재밌겠다!
User	좋았어. 다른 친구 두 명도 같이 가기로 했는데, 너도 아마 마음에 들 거야!

Great! I look forward to it.

Keep me updated in case you have other plans!

Sure, I will. Stay in touch!

Thanks for visiting my place today! It was fun.

I had a good time too. Thank you!

See you again soon.

See you soon. Take care!

ChatGPT   너무 좋다! 기대할게.
User   중간에 혹시라도 다른 일이 생기면 알려주고!
ChatGPT   그럼, 당연하지. 연락할게!
User   오늘 우리 집에 와줘서 고마워! 즐거웠어.
ChatGPT   나도 재밌었어. 고맙다!
User   곧 또 보자구.
ChatGPT   그래. 그때까지 잘 지내고 있어!

이렇게 오늘은 챗GPT와 걸그룹에 대한 즐거운 수다를 나눠보았습니다.
챗GPT에게 고맙다는 인사를 하고 오늘의 회화 연습을 마무리합니다.

직접 해보기 - 프롬프트 예시

아래 프롬프트 예시는 한글과 영문이 같은 내용이고 결과도 같으므로 둘 중 하나만 입력해도 됩니다. 원하는 상황으로 설정하여 대화를 시작해보세요.

한글 예시 지금부터 K팝 아이돌 그룹을 주제로 대화를 시작하겠습니다. 현재 장소는 학교 교실이며, 아직 한국어를 낯설어하는 외국인 친구가 처음으로 전학왔습니다. 당신은 내 아이돌 캐릭터 볼펜을 보고 나에게 아이돌 그룹에 대해 물어옵니다. 이제 당신이 나의 외국인 친구가 되어 간단한 질문으로 대화를 시작해주세요.

영문 예시 We're starting a conversation about a K-pop idol group. We're in a school classroom and a foreign friend who is still unfamiliar with Korean has transferred in for the first time. You see my idol character pen and ask me about the idol group. Now, as my foreign friend, please start the conversation with a simple question.

외국인 친구에게
떡볶이 만드는 법을 알려줘요

1. 상황 설명

나는 외국인 친구들을 집으로 초대했습니다. 그중에는 예전부터 떡볶이를 어떻게 만드는지 알고 싶어하던 친구도 있었어요. 나는 그 친구를 위해 직접 떡볶이를 만들면서 레시피를 알려주기로 합니다. 오늘만큼은 내가 셰프! 평상시 요리를 즐겨하진 않지만, 친구를 위해 맛있는 떡볶이를 만들어줄 거예요. 오늘은 친구들이 도착하기 전에 떡볶이 레시피를 영어로 잘 설명할 수 있게 준비하려고 합니다.

그럼, 이제 챗GPT와 즐거운 레시피 대화를 시작해볼까요!

2. 프롬프트

정해진 프롬프트를 입력한 후 다음 내용을 추가로 입력해서 대화를 이어나가 보겠습니다.

지금부터 떡볶이 레시피를 주제로 대화를 시작하겠습니다. 현재 장소는 내 집으로 나는 친구들을 집으로 초대했습니다. 당신은 내 친구 시티(Siti)이며, 나에게 떡볶이 레시피를 배울 예정입니다. 이제 당신이 먼저 친구인 나에게 짤막하게 안부를 물어보면서 대화를 시작해주세요.

회화 예시

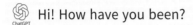 Hi! How have you been?

I am doing good. Are you excited to cook tteokbokki with me today?

Yes, I'm excited! Is it hard?

It may feel hard at first, but once you get used to the recipe, it's as easy as pie.

ChatGPT	친구야! 잘 지냈어?
User	그럼, 잘 지냈지. 오늘 나랑 떡볶이 만들어볼 생각하니 신나지?
ChatGPT	응, 기대돼! 떡볶이 만드는 거 어려워?
User	처음엔 어렵게 느껴질 수도 있는데 레시피만 익히면 그다음부턴 식은 죽 먹기야.

"식은 죽 먹기"라는 표현으로 "It's as easy as pie"
라는 문장도 한번 기억해보자구요.

That sounds great! What's first?

Let's start with the ingredients, shall we?

ChatGPT	그렇구나! 그럼 처음엔 뭐부터 해야 하지?
User	재료부터 시작해보자. 어때?

Yes, what ingredients do we need?

 To make tteokbokki, we need rice cake (tteok), of course, and normally some fish cake, green onions, onions, garlics as well as the spicy sauce.

 Sounds delicious! What's in the sauce?

 It is sauce made of gochujang, sugar, soy sauce, sesami oil and garlics.

 Sounds spicy! Can we start?

ChatGPT	좋아. 재료에는 뭐가 필요해?
User	떡볶이를 만들려면 당연한 얘기지만 먼저 떡이 필요하고, 보통은 어묵, 파, 양파, 마늘, 그리고 매운 소스도 필요해.
ChatGPT	맛있겠는걸. 소스에는 뭐가 들어가지?
User	떡볶이 소스에는 고추장, 설탕, 간장, 참기름, 마늘이 들어가.
ChatGPT	왠지 매울 거 같다! 그럼 우리 이제 시작해볼까?

 챗GPT는 성격이 급한 것 같아요. 그쵸? 그래도 빨리빨리 진도가 나가니까 좋습니다.

 First, you need to soak tteok in water for a few minutes to soften them up.

User	먼저 떡을 몇 분간 물에 담가서 부드럽게 만들어야 해.

Okay, I'll do that now. Then what?

ChatGPT 그렇군. 지금 바로 해볼게. 그런 다음엔 뭘 하지?

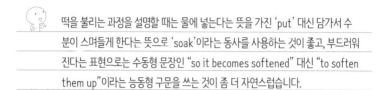
떡을 불리는 과정을 설명할 때는 물에 넣는다는 뜻을 가진 'put' 대신 담가서 수분이 스며들게 한다는 뜻으로 'soak'이라는 동사를 사용하는 것이 좋고, 부드러워진다는 표현으로는 수동형 문장인 "so it becomes softened" 대신 "to soften them up"이라는 능동형 구문을 쓰는 것이 좀 더 자연스럽습니다.

Then, you make the sauce using gochujang, sugar, soy sauce, sesame oil, and garlic.

Got it. Sauce is ready. Now what?

You take the tteok out of the water and put them in a pan with the sauce, water, fish cakes (eomuk) and vegetables.

How long should it cook?

User   다음으로는 고추장, 설탕, 간장, 참기름, 마늘을 사용해서 소스를 만들지.
ChatGPT 알겠어. 자, 이제 소스도 완성됐다. 다음으로는 뭐하면 좋을까?
User   떡을 물에서 꺼낸 후에 소스, 물, 어묵, 야채와 함께 프라이팬에 넣어야 해.
User   몇 분 정도 요리하면 되지?

We have to boil everything together until the sauce is absorbed into the rice cakes and fish cakes, and the vegetables are softened. This process takes approximately 15 minutes.

 Sounds simple enough. Let's cook!

User   소스가 떡과 어묵에 스며들고 야채가 부드러워질 때까지 모든 재료를 함께 끓여야 하는데, 이 과정에는 약 15분 정도 소요돼.

ChatGPT   간단하네. 그럼 이제 끓여보자구.

직접 해보기 - 프롬프트 예시

아래 프롬프트 예시는 한글과 영문이 같은 내용이고 결과도 같으므로 둘 중 하나만 입력해도 됩니다. 원하는 상황으로 설정하여 대화를 시작해보세요.

> **한글 예시**
> 지금부터 김치볶음밥 레시피를 주제로 대화를 시작하겠습니다. 현재 장소는 내 집으로 나는 친구들을 집으로 초대했습니다. 당신은 내 친구 안드레아(Andrea)이며, 나에게 김치볶음밥 레시피를 배울 예정입니다. 이제 당신이 먼저 친구인 나에게 짤막하게 안부를 물어보면서 대화를 시작해주세요.

> **영문 예시**
> We're starting a conversation about a kimchi fried rice recipe. We're at my house, where I've invited my friends. You're my friend Andrea, and you're about to learn a kimchi fried rice recipe from me. Now, as Andrea, please start the conversation by briefly asking me how I've been.

UNIT
04

외국인에게 K-뷰티템을 추천해요

1. 상황 설명

오랜만에 싱가포르 친구가 한국에 놀러왔어요. 이번에도 역시 친구가 가장 큰 관심을 갖는 쇼핑템은 K-뷰티 제품들이에요. 직장 동료들과 가족, 친구, 지인들의 부탁으로 친구는 이런저런 다양한 K-뷰티 제품을 구입하는 미션을 수행해야 해요. 친구와 함께 화장품 가게들이 모여 있는 명동 거리로 쇼핑을 나간 나는 추천템을 영어로 설명해주기로 합니다. 특히 지난번에 써보고 좋았던 콜라겐 마스크팩을 추천했더니 친구는 마음에 들었는지 마스크팩으로만 선물하겠다고 하네요.

챗GPT, 오늘은 친구가 화장품 고르는 걸 도와주도록 하자!

2. 프롬프트

정해진 프롬프트를 입력한 후 다음 내용을 추가로 입력해서 대화를 이어 나가 보겠습니다.

지금부터 K-뷰티템 구입을 주제로 대화를 시작하겠습니다. 현재 장소는 명동의 화장품샵이며, 당신은 나의 싱가포르인 친구로 한국에 놀러와 화장품을 구입하고 있습니다. 이제 당신이 내 싱가포르인 친구 레이첼 (Rachel)이 되어 대화를 시작해주세요.

ChatGPT Which Korean beauty product fascinates you?

USER This produce is one of my favorite to moisturize your skin.

ChatGPT That's a great choice! Have you tried it before?

USER Of course, and it contains hydrolyzed collagen which makes your skin look younger.

ChatGPT Fantastic! It's really beneficial for skin health.

USER Exactly! As for the side effects, I heard it may cause constipation or diarrhea, but I personally never experienced it or heard real-life examples of those who went through it.

ChatGPT	K-뷰티템 중에서 네가 특별히 좋아하는 제품이 있어?
User	이 제품이 내가 수분 보충용으로 제일 좋아하는 아이템이야.
ChatGPT	그렇구나! 혹시 써본 적 있어?
User	당연하지. 이 제품에는 가수분해 콜라겐(hydrolyzed collagen)이 들어 있어서 피부가 훨씬 어려 보이는 게 장점이야.
ChatGPT	그거 좋은데! 피부 건강에 아주 좋겠어.
User	그러니까 말이야! 콜라겐 성분의 경우 자칫 변비나 설사를 유발할 수도 있다는 설명을 들은 적이 있긴 한데, 실제로 겪어본 적은 없어. 다른 분들이 겪었다는 이야기도 들은 적이 없고 말이야.

Interesting. Everyone's body reacts differently.

That's what I'm saying.

It's important to monitor your reactions.

I agree. And what's your skin type?

I have combination skin. How about you?

I am too!

That's great! We can share product recommendations.

Absolutely! Shall we go to that section to try out some samples that match our skin type then?

Sure, let's go explore some options.

ChatGPT	그렇구나. 하긴 사람 몸에 따라서 반응은 천차만별일 테니까.
User	맞아.
ChatGPT	그래도 몸의 반응을 유심히 관찰하는 게 중요하겠다.
User	나도 그렇게 생각해. 그나저나 넌 혹시 피부 타입이 뭐야?
ChatGPT	복합성 피부. 넌?
User	나도인데!
ChatGPT	그렇구나! 우리 같은 제품 추천받아도 되겠다.
User	그러니까 말이야! 그럼 우리 저쪽에 가서 피부 유형에 알맞은 샘플 좀 테스트해볼까?
ChatGPT	좋지. 어떤 제품들이 있는지 한번 살펴보자구.

오늘의 주인공들처럼 많은 분들이 아마 복합성 피부이실 텐데요. 영어로는 이렇게 표현하면 된답니다. "I have combination skin." ("나 복합성 피부야.")

잠시 후.

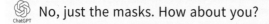

🔵 **USER** I think you mentioned you needed to buy 20 collagen mask packs in total. Anything else you want to buy?

🔵 **ChatGPT** No, just the masks. How about you?

🔵 **USER** I think I will get one of these lip glosses. They are too pretty to pass up.

🔵 **ChatGPT** They look amazing! Good choice.

🔵 **USER** Anything else that catches your eye?

🔵 **ChatGPT** No, I think I'm good. Ready to check out?

🔵 **USER** Yep. Let's go eat lunch then.

User	그때 마스크팩 총 20개 사야 한다고 들었던 것 같은데. 또 추가로 사야 하는 게 있어?
ChatGPT	아니, 마스크팩만 사가면 돼. 넌?
User	이 립글로스 하나 구입하려구. 너무 예뻐서 그냥 지나칠 수가 없네.
ChatGPT	정말 예쁜데! 잘 골랐다.
User	혹시 뭐 다른 거 눈에 띄는 제품 있어?
ChatGPT	아니, 지금은 없어. 이제 계산하러 갈까?
User	그래. 그럼 이제 점심 먹으러 가자.

Sounds good. I'm getting hungry!

ChatGPT 좋았어. 슬슬 배고파지는걸!

쇼핑을 할 때는 특정 제품이 '시선이나 관심을 끈다'는 의미로 "catch someone's eye"라는 표현을 요긴하게 사용해볼 수 있습니다. 또 쇼핑을 마치고 계산할 때는 "check out"이라는 표현을 사용하는데요. 이럴 땐 '확인하다'가 아니라 '계산하다'라고 해석하면 되겠지요?

이렇게 해서 성공적인 쇼핑을 마치고 뿌듯한 마음으로 오늘의 대화를 마무리합니다.

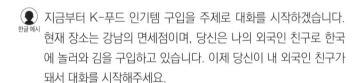
직접 해보기 - 프롬프트 예시

아래 프롬프트 예시는 한글과 영문이 같은 내용이고 결과도 같으므로 둘 중 하나만 입력해도 됩니다. 원하는 상황으로 설정하여 대화를 시작해보세요.

한글 예시
지금부터 K-푸드 인기템 구입을 주제로 대화를 시작하겠습니다. 현재 장소는 강남의 면세점이며, 당신은 나의 외국인 친구로 한국에 놀러와 김을 구입하고 있습니다. 이제 당신이 내 외국인 친구가 돼서 대화를 시작해주세요.

영문 예시
Now we'll start a conversation about buying popular K-food items. We're in a duty-free shop in Gangnam, and you're my foreign friend buying seaweed in Korea. Now, as my foreign friend, please start the conversation.

Chapter 9

외국인 친구와
지적인 대화를 나눠요

Save
Mother
Earth

Max

미래 사회의 윤리에 대한
대화를 나눠요

1. 상황 설명

나는 해외에서 유학 중인 대학원생입니다. 같은 학기에 입학한 동기 중에는 유난히 토론에 강한 친구가 한 명 있는데요. 서로 겹치는 수업이 많이 없지만, 필수 수업을 같이 듣다 오랜만에 이 친구를 마주치게 됐답니다. 수업이 끝나고 모처럼 얘기를 나누게 된 친구와 나. 다소 커다란 주제이긴 하지만 친구의 의견이 궁금해서 인류의 미래와 '윤리'라는 주제로 대화를 이어가게 됐어요.

챗GPT, 오늘은 나와 함께 인류의 미래와 윤리에 대해 대화를 나눠보자구!

2. 프롬프트

정해진 프롬프트를 입력한 후 다음 내용을 추가로 입력해서 대화를 이어나가 보겠습니다.

 지금부터 인류의 미래와 윤리를 주제로 대화를 시작하겠습니다. 현재 장소는 대학교 캠퍼스로 나는 수업이 끝나고 외국인 친구와 대화를 나누고 있습니다. 당신은 책 읽기를 좋아하고 토론을 잘하는 내 외국인 친구이고, 나는 당신과 함께 인류학을 전공 중인 대학원생입니다. 이제 당신이 간단한 인사말로 대화를 시작해주세요.

ChatGPT Good to see you! Enjoyed today's class?

USER Yes, I did. What about you?

ChatGPT I enjoyed it too. Very insightful!

USER Exactly! I specifically liked how the professor pointed out the issues in ethics regarding the future of humanity.

ChatGPT Yes, ethics in future studies is crucial. It's a fascinating topic.

USER What do you think would be the most important regarding the ethics for the future?

ChatGPT I believe preserving human dignity is key. And you?

ChatGPT	얼굴 보니 반갑다! 오늘 수업 재밌게 들었어?
User	응, 재밌게 들었지. 넌?
ChatGPT	나도 좋았어. 통찰력 있는 내용이더라!
User	그러니까 말이야! 특히 교수님이 인류의 미래와 관련해서 윤리적인 문제를 지적한 부분이 좋았어.
ChatGPT	미래 연구와 관련해서 윤리가 중대한 문제이긴 하지. 할 말이 많은 주제야.
User	넌 미래 사회 윤리와 관련해서 어떤 게 가장 중요한 문제가 될 거라고 생각해?
ChatGPT	난 앞으로 인간의 존엄성을 지켜나가는 게 중대한 사안이 될 거라고 봐. 넌?

👤 **USER**
Before I answer your question, can you elaborate your point?

⊛ **ChatGPT**
Sure. Dignity implies respect for all. This includes future generations.

👤 **USER**
Would you think preserving it would be any more challenging than before? I may think of it otherwise.

⊛ **ChatGPT**
Yes, with rapid tech advancements, it's a bigger challenge now.

👤 **USER**
How is that so?

⊛ **ChatGPT**
Tech can devalue human skills. This could threaten dignity.

User	네 질문에 답하기 전에 무슨 뜻인지 좀 더 자세히 말해주겠어?
ChatGPT	물론이지. 존엄성은 모두가 존중받는 걸 의미해. 다름 아닌 미래 세대들을 포함해서 말이야.
User	그럼 넌 미래에는 전보다 존엄성을 지키기가 더 어려워질 수도 있다고 보는 거야? 난 좀 다르게 생각하는데.
ChatGPT	기술이 빠르게 발전하다 보니 아무래도 더 어려워질 거야.
User	왜 그런 거지?
ChatGPT	기술이 인간 능력의 가치를 절하하기 때문이지. 그래서 인간 존엄성이 위협을 받을 수도 있는 거고 말이야.

👤 I would disagree. Tech rather has been deployed for the benefit of human beings over the course of history.

USER

🌀 That's true. Yet balance is needed. Misuse can harm dignity.

ChatGPT

User   나는 동의하지 않아. 역사가 보여주는 것처럼 그동안 기술은 오히려 인류에게 도움이 되는 방향으로 활용돼왔으니까.

ChatGPT   물론이야. 그렇지만 내 말은 균형이 필요하다는 거야. 오용될 경우 되려 인간 존엄성에 해가 될 수도 있으니까 말이야.

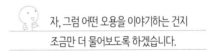

자, 그럼 어떤 오용을 이야기하는 건지
조금만 더 물어보도록 하겠습니다.

👤 What are your concerns regarding misuse? Any examples?

USER

🌀 For instance, AI replacing jobs. This could lead to inequality.

ChatGPT

👤 Oh, I am glad you mentioned it. I am also concerned about inequality.

USER

User   오용과 관련해서 어떤 상황이 특히 우려되는 거야? 예를 들어주겠어?

ChatGPT   예를 들자면 AI가 일자리를 대체하는 게 대표적이지. 불평등을 불러올 수 있으니까.

User   아, 마침 얘기 잘 꺼냈다. 나도 불평등 문제는 심각하다고 생각해.

218

Yes, it's a significant issue. Solutions are required.

 Any suggestions?

 Education and re-skilling could be key. Universal basic income, perhaps?

 In addition to those, I would say changing our notion for life is crucial.

 Agreed. Changing perceptions can drive societal shifts.

 Exactly. We need to slow down the competition and realize that it's valuable to think in the long term with harmony and care for the nature as well as other human beings.

 Absolutely. Harmony and long-term thinking are essential.

ChatGPT 그러니까 말이야. 중대한 문제지. 해결책을 찾아야 해.

User 혹시 뭐 떠오르는 해결책이라도 있어?

ChatGPT 교육과 재교육(re-skilling)이 핵심적인 관건이 될 거야. 보편적 기본소득도 도입해볼 수 있겠고.

User 거기에 더해서 나는 우리가 삶에 대한 관점을 바꾸는 것도 중요하다고 봐.

ChatGPT 동의해. 관점을 바꾸는 게 사회적 변화의 동력이 될 수 있지.

User 물론이야. 경쟁의 속도를 줄이고 장기적인 관점으로 자연, 타인과 화합하고 서로를 배려하는 태도가 중요하다고 생각해.

ChatGPT 좋은 포인트야. 화합과 장기적인 관점이 중요한 역할을 하게 될 거야.

직접 해보기 - 프롬프트 예시

아래 프롬프트 예시는 한글과 영문이 같은 내용이고 결과도 같으므로 둘 중 하나만 입력해도 됩니다. 원하는 상황으로 설정하여 대화를 시작해보세요.

한글 예시 지금부터 미래 사회와 정의를 주제로 대화를 시작하겠습니다. 현재 장소는 해외 대학교 교실로 나는 수업이 끝나고 외국인 교수님과 대화를 나누고 있습니다. 당신은 해박하고 세계관이 명확한 외국인 교수이고, 나는 당신에게서 사회학 수업을 듣는 대학원생입니다. 이제 당신이 간단한 인사말로 대화를 시작해주세요.

영문 예시 We're starting a conversation on future society and justice. Our current location is an overseas university classroom, and I'm having a conversation with a foreign professor after class. You are a knowledgeable professor with a clear worldview, and I am a graduate student taking your sociology class. Now, please start the conversation with a simple greeting.

40일 만에 영어가 나온다!

챗GPT 영어회화

영어 토론 모임에서 지구 온난화
에 대한 이야기를 나눠요

1. 상황 설명

나는 요즘 영어 토론 모임에 참여하고 있어요. 매번 주제를 바꿔가며 다양한 시사 문제를 토론하는데, 마침 오늘은 최근에 큰 관심을 갖게 된 '지구 온난화'에 대한 이야기를 나누게 됐어요. 지구 온난화의 심각성을 더 많은 사람들에게 제대로 알리고 싶었던 나는 오늘 열띠게 토론에 참여합니다. 그런데 다른 토론 참여자 중 한 사람, 브라질에서 온 마리아(Maria)도 기후위기 문제에 무척 관심이 많은 것 같아요.

2. 프롬프트

정해진 프롬프트를 입력한 후 다음 내용을 추가로 입력해서 대화를 이어나가 보겠습니다.

지금부터 기후 온난화를 주제로 대화를 시작하겠습니다. 현재 우리가 있는 곳은 영어 토론 모임 장소로, 나는 브라질에서 온 마리아(Maria)와 기후 위기에 대한 이야기를 나눕니다. 마리아 또한 기후 온난화의 심각성을 잘 알고 있으며, 환경 문제에 관심이 많습니다. 이제 당신이 마리아가 되어 먼저 대화를 시작해주세요.

talk 회화 예시

![ChatGPT] Hello! Are you aware of deforestation issues?

![USER] I am aware of the issues. I'm learning more about the various causes of the severe climate crisis.

![ChatGPT] That's commendable. It's a significant global concern.

![USER] Exactly!

![ChatGPT] It requires collective action. What's your opinion?

![USER] I think so too. I heard, just weeks ago, Southeast Asia experienced the record-breaking heat index of over 50 degrees Celsius, which can seriously harm people and nature. How do you think we can take actions on this?

ChatGPT 안녕! 너 혹시 산림파괴 문제에 대해서 좀 알고 있니?

User 물론 알고 있지. 요즘 기후위기를 심화시키는 원인들을 공부 중이거든.

ChatGPT 공부한다니 기특하다. 기후위기는 전 지구적으로 심각한 문제지.

User 그러니까 말이야!

ChatGPT 우리 모두의 행동이 필요한 문제야. 넌 어떻게 생각하니?

User 나도 그렇게 생각해. 몇 주 전만 해도 동남아시아에서 체감 온도가 섭씨 50도를 넘어가는 대기록을 세웠다고 들었어. 그 정도 되면 사람도 그렇고 자연도 큰 피해를 입게 되지. 넌 우리가 구체적으로 어떤 행동을 취해야 한다고 생각해?

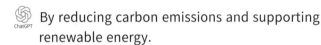 By reducing carbon emissions and supporting renewable energy.

What can we and should we do in our daily life for it?

We can recycle, conserve water, and limit electricity usage.

Anything you are doing in your daily life, specifically?

I use public transportation and consume less meat.

I am thinking of eating less meat too although it feels difficult at times.

It can be challenging, but every little bit helps.

ChatGPT	탄소 배출을 줄이고 재생에너지를 적극 활용해야겠지.
User	일상생활에서는 어떤 습관을 실천하는 게 좋을까?
ChatGPT	재활용을 열심히 하고, 물을 아껴 쓰고, 전기 사용을 제한해야겠지.
User	너도 혹시 생활 속에서 실천 중인 게 있니?
ChatGPT	대중교통을 이용하고 고기를 적게 먹고 있어.
User	나도 고기 소비를 줄이려고 노력 중이긴 한데, 그게 참 쉽지 않네.
ChatGPT	물론 어렵게 느껴질 거야. 그렇지만 작은 실천 하나라도 도움이 될 수 있어.

 지구를 살리기 위해서는 역시 생활 속의 작은 실천이 중요하겠지요?

Any other important tips on the topic, Maria?

Spread awareness. Every conversation matters.

Thanks. Let's make this work for all of us.

Absolutely. Together, we can make a difference.

User	이 주제에 대해서 또 뭐 다른 좋은 실천법이 있을까, 마리아?
ChatGPT	최대한 많은 사람에게 중요성을 알리는 것. 그러니 사람들이랑 더 많이 대화하려고 노력해야겠고 말이야.
User	고마워. 모두에게 도움될 수 있게 우리부터 실천해가자구.
ChatGPT	아무렴. 서로가 함께한다면 큰 변화를 만들어낼 수 있을 거야.

직접 해보기 - 프롬프트 예시

아래 프롬프트 예시는 한글과 영문이 같은 내용이고 결과도 같으므로 둘 중 하나만 입력해도 됩니다. 원하는 상황으로 설정하여 대화를 시작해보세요.

한글 예시

지금부터 세계의 쓰레기 처리 문제를 주제로 대화를 시작하겠습니다. 현재 우리가 있는 곳은 영어 토론 모임 장소로, 나는 코스타리카에서 온 셜리(Shirley)와 쓰레기에 대한 이야기를 나눕니다. 셜리 또한 쓰레기 배출량 증가의 심각성을 잘 알고 있으며, 환경 문제에 관심이 많습니다. 이제 당신이 셜리가 돼서 먼저 대화를 시작해주세요.

영문 예시

We're starting a conversation about global waste management issues. We're at an English debate meeting place, and I'm discussing waste with Shirley, who's from Costa Rica. Shirley is well aware of the severity of increasing waste production and is also interested in environmental issues. Now, as Shirley, please start the conversation.

UNIT 03

외국인 친구와 AI의 발전에 대해 토론해요

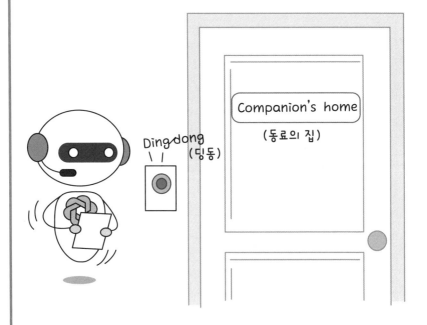

1. 상황 설명

나는 요즘 AI의 발전을 유심히 지켜보고 있어요. 하루가 다르게 등장하는 다양한 AI 서비스 소식들을 흥미롭게 접하면서 일상 속에서 최대한 많이 써보려고 노력하고 있답니다. 예를 들어 최근에는 AI로 그림을 그리는 취미도 생겼어요. 그런데 마침 오늘은 나처럼 AI 서비스에 많은 관심을 갖고 있으면서 북미에서 엔지니어로 일하고 있는 나이지리아 출신의 우비에(Uvie)를 만나기로 약속한 날이에요. 우리는 이런저런 AI 최신 뉴스에 대해 얘기를 나누느라 커피숍에서 한참 동안 수다를 떱니다.

챗GPT, 오늘은 나와 함께 AI의 발전에 대한 이야기를 나눠보자!

2. 프롬프트

정해진 프롬프트를 입력한 후 다음 내용을 추가로 입력해서 대화를 이어나가 보겠습니다.

> 지금부터 AI 기술의 발전을 주제로 대화를 시작하겠습니다. 현재 장소는 커피숍으로, 나는 나이지리아 출신의 스마트한 친구 우비에(Uvie)와 대화를 나누고 있습니다. 우비에도 나처럼 AI에 관심이 많습니다. 이제 우비에가 된 당신이 먼저 대화를 시작해주세요.

talk 회화 예시

🔵 AI advancements are fascinating, aren't they?

👤 Yes, they are. What's your take on all this?

🔵 I believe they're transformative. Opportunities are vast.

👤 I agree. These days, I started making images using AI and they are fascinating.

🔵 That's intriguing! How's your experience been?

👤 It's been amazing.

🔵 I can imagine. The possibilities are endless.

👤 Is there anything you are doing with AI too?

ChatGPT	AI가 눈부시게 발전하고 있다는 게 참 놀랍지 않아?
User	그러게 말이야. 너는 AI의 발전을 어떻게 바라보고 있어?
ChatGPT	우리 삶을 변화시키는 힘을 가졌다고 생각해. 기회도 너무나 많아지고 있고 말이야.
User	나도 동의해. 요즘에는 AI로 이미지를 생성해보고 있는데 정말 멋지더라.
ChatGPT	재미있겠다! 실제로 AI를 경험해보니 어땠어?
User	그저 놀라울 따름이야.
ChatGPT	역시 그렇군. AI와 함께라면 가능성은 무궁무진하니까.
User	너도 요즘 AI로 뭔가 하고 있는 게 있어?

230

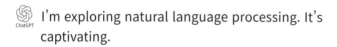 I'm exploring natural language processing. It's captivating.

What is natural language processing?

It's AI understanding and generating human language.

Aha. Sounds very interesting!

Yes, it's a powerful tool in AI.

How powerful is it, and in what daily life services is it useful?

It's extremely powerful. Used in translations, voice assistants.

ChatGPT 자연어처리를 경험하는 중이야. 퍽 인상적이야.

User '자연어처리'라는 게 뭔데?

ChatGPT AI가 사람의 언어를 이해하고 생성하는 과정을 의미해.

User 그렇군. 무척 흥미로운걸!

ChatGPT 그러니까 말이야. AI에 있어서 강력한 툴이지.

User 얼마나 강력한 건지, 일상생활의 서비스에서는 어떻게 활용되고 있는지 좀 알려주겠어?

ChatGPT 매우 강력하지. 번역이나 음성 비서 역할도 제공해주고 말이야.

I can easily assume that in the near future, there might even be AI robot companion services, for example, for the elderly.

Absolutely. Aging populations could greatly benefit.

Any other services that you can think of?

AI can enhance healthcare, education, and transportation.

I'm personally interested in using AI in education. It can provide high-quality, cost-effective education for children.

That's a great perspective. AI can democratize education.

User   내 생각에 아마 머지 않은 미래에는 AI 로봇 동반자 서비스도 나타나지 않을까 싶어. 예를 들면 고령자분들을 대상으로 서비스할 수도 있고 말이야.

ChatGPT   당연하지. 특히 고령 인구층이 많은 도움을 받게 될 거야.

User   혹시 다른 서비스도 뭐 생각나는 게 있니?

ChatGPT   헬스케어, 교육, 운송 분야도 효율화될 수 있을 거야.

User   나는 개인적으로 교육에서 AI를 활용하는 것에 관심이 많아. 아이들이 저렴한 가격으로 좋은 교육을 받을 수 있는 방법이니까 말이야.

ChatGPT   좋은 지적이다. AI는 교육 민주화에 기여할 수 있지.

자, 이렇게 해서 오늘은 AI의 발전으로 우리에게는 어떤 혜택이 있을지 알아봤습니다. 챗GPT로 영어를 공부할 수 있다는 사실만 해도 우리는 이미 충분한 혜택을 누리고 있는 것 같지요? 챗GPT와 함께 매일매일 즐거운 영어 공부가 되기를 바랍니다.

직접 해보기 - 프롬프트 예시

아래 프롬프트 예시는 한글과 영문이 같은 내용이고 결과도 같으므로 둘 중 하나만 입력해도 됩니다. 원하는 상황으로 설정하여 대화를 시작해보세요.

한글 예시
지금부터 메타버스를 주제로 대화를 시작하겠습니다. 현재 장소는 공유 오피스로, 나는 러시아 출신의 친구 빅토르(Victor)와 대화를 나누고 있습니다. 빅토르도 나처럼 메타버스에 관심이 많습니다. 이제 빅토르가 된 당신이 먼저 대화를 시작해주세요.

영문 예시
We're starting a conversation about the metaverse. We're in a shared office, and I'm having a conversation with my Russian friend, Victor, who is also interested in the metaverse. Now, as Victor, please start the conversation.

짜장면과 짜파게티의 역사를 공부해요

짜장면 먹는 날 ☺   Jjajangmyeon !

1. 상황 설명

오늘은 중국계 친구와 중국집에 가기로 한 날이에요. 한국에서 공부 중인 친구는 이민 1세대로 캐나다에서 왔어요. 아직은 한국어가 서툴지만 영어를 잘하기 때문에 우리는 오늘도 평상시처럼 영어로 대화를 나누고 있습니다. 친구 웨이(Wei)는 짜장면은 오늘 처음 먹어보지만, 짜파게티는 좋아한다고 해요. 자, 그럼 오늘은 어떻게 중국의 자장(작장면)이 한국으로 건너와 지금의 한국식 짜장면으로 변형되고 짜파게티의 개발로 이어지게 됐는지 그 흥미로운 문화 융합과 변형 과정을 살펴보기로 하겠습니다. 챗GPT, 오늘은 나와 함께 짜장면에 대한 대화를 나눠보자!

2. 프롬프트

정해진 프롬프트를 입력한 후 다음 내용을 추가로 입력해서 대화를 이어나가 보겠습니다.

지금부터 짜장면의 역사와 문화의 융합을 주제로 대화를 시작하겠습니다. 현재 장소는 한국의 중국집으로, 나는 영어를 잘하는 중국계 캐나다인 친구와 짜장면, 짜파게티의 역사에 대한 대화를 나누고 있습니다. 당신은 지금부터 내 중국계 친구 웨이(Wei)가 돼서 대화를 시작해주세요.

🤖 Sure, I love Jjajangmyeon. Where did it start?

👤 Well, actually, I was going to ask you, Wei. Is it true that you don't eat it in China?

🤖 Yes, that's true. It's more of a Korean-Chinese fusion dish.

👤 Aha. I heard you have something like it over in China though?

🤖 Yes, we have Zhajiangmian. It's quite different though.

👤 How is it so?

🤖 Zhajiangmian has lighter, soybean-based sauce. Jjajangmyeon's sauce is darker.

ChatGPT	알겠습니다. 나 짜장면 좋아해. 어디서 유래한 거야?
User	실은 너한테 내가 물어보려고 했어, 웨이야. 중국에서는 짜장면 안 먹는다는 게 사실이야?
ChatGPT	응, 맞아. 짜장면은 한·중식이 혼합된 퓨전 음식에 가까워.
User	그렇구나. 그치만 비슷한 음식은 있다고 들은 것 같은데.
ChatGPT	맞아. 자장면이 있어. 그치만 많이 다른 음식이야.
User	어떻게 달라?
ChatGPT	자장면은 좀 더 연한, 콩으로 만든 소스를 사용해. 그치만 짜장면 소스는 무척 진하지.

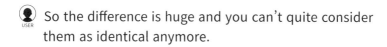 So the difference is huge and you can't quite consider them as identical anymore.

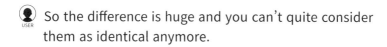 Absolutely. They have different tastes and ingredients.

User　　많이 다르긴 하네. 사실상 같은 음식이라고 보기가 어렵겠구나.

ChatGPT　맞아. 맛도 다르고 재료도 다르니까.

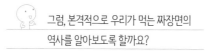 그럼, 본격적으로 우리가 먹는 짜장면의 역사를 알아보도록 할까요?

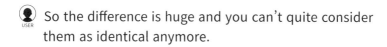 To my knowledge, Jjajangmyeon started by the people from Shandong who came to settle in Incheon back in the 19th century. It was especially a quick food for the Chinese workers at the port during their hectic work.

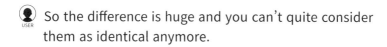 That's correct. It was a cheap, fast meal.

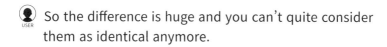 Is there anything else you know about the history of Jjajangmyeon?

User　　내가 알기론 짜장면은 산둥성 사람들이 19세기에 인천에 정착했을 때 만들어졌다고 해. 특히 항구에서 일하던 중국분들이 바쁜 일과 중에 빠르게 먹을 수 있는 음식이었다고 말이야.

ChatGPT　맞아. 저렴하면서도 간편하게 먹을 수 있는 음식이었지.

User　　그럼 혹시 짜장면의 역사와 관련해서 더 알고 있는 거 있을까?

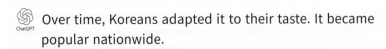 Over time, Koreans adapted it to their taste. It became popular nationwide.

Exactly! So, it all started since the opening of the Incheon Port in 1883 and now, you can find it anywhere in South Korea!

Indeed, it's a beloved dish in Korea now.

Do you also know Chapagetti?

Yes, it's a popular instant Jjajangmyeon in Korea.

Have you tried it yet?

Yes, I have. It's quite convenient and tasty.

ChatGPT	시간이 지나면서 한국인의 입맛에 맞게 변형됐다는 거. 그리고 나서 전국적으로 인기를 얻었다는 사실.
User	맞아! 그러니까 1883년에 인천항 개항과 함께 시작됐던 음식이 이제는 한국 어디에서든 만날 수 있는 음식이 된 거야!
ChatGPT	그러게 말이야. 지금은 한국인들이 사랑하는 음식이 됐지.
User	그럼 너 혹시 짜파게티도 알고 있니?
ChatGPT	응, 한국의 인기 있는 인스턴트 짜장면이잖아.
User	먹어본 적 있어?
ChatGPT	응, 있어. 편리하기도 하지만, 맛도 있더라.

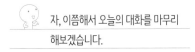 자, 이쯤해서 오늘의 대화를 마무리 해보겠습니다.

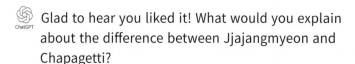

Glad to hear you liked it! What would you explain about the difference between Jjajangmyeon and Chapagetti?

Chapagetti is instant, with dehydrated vegetables. Jjajangmyeon has fresh ingredients.

Do you also know when Chapagetti was made for the first time?

It was introduced by Nongshim in 1984.

Exactly. It's been around for four decades now, and we all still love it!

ChatGPT	맛있었다니까 기분 좋은걸! 짜장면이랑 짜파게티의 차이는 네가 보기에 뭐라고 설명해줄 수 있겠어?
User	짜파게티는 인스턴트 식품이기 때문에 건조시킨 야채가 들어 있지. 반면에 짜장면은 신선한 재료로 만들고 말이야.
ChatGPT	그럼 짜파게티가 언제 처음 만들어졌는지도 알고 있어?
User	농심에서 1984년에 출시했지.
ChatGPT	맞아. 그러니까 출시한 지 40년이나 됐는데, 여전히 사랑받고 있는 거야!

이렇게 해서 오늘은 바다를 건너온 자장이 우리 고유의 음식으로 변형된 이야기와 라면으로 개발된 과정까지 살펴봤습니다. 참 흥미롭지요? 다음 번에 짜장면을 먹을 때는 왠지 오늘 나눈 대화가 떠오르면서 좀 더 즐겁게 먹게 될 것 같아요. 챗GPT야, 오늘도 고마워.

아래 프롬프트 예시는 한글과 영문이 같은 내용이고 결과도 같으므로 둘 중 하나만 입력해도 됩니다. 원하는 상황으로 설정하여 대화를 시작해보세요.

👤 **한글 예시** 지금부터 인류의 정착 생활과 소금의 역사를 주제로 대화를 시작하겠습니다. 현재 장소는 이탈리아 밀라노의 양식집으로, 나는 영어를 잘하는 현지 친구와 레스토랑의 소금통을 보면서 소금의 역사에 대한 대화를 나누고 있습니다. 당신은 지금부터 내 이탈리아 친구 소피아(Sofia)가 됩니다. 이제 당신이 간단한 멘트로 대화를 시작해주세요.

👤 **영문 예시** We're starting a conversation about the history of human settlement and salt. Our current location is an Italian restaurant in Milan, Italy, and I'm having a conversation about the history of salt with my local friend who speaks English well while looking at the salt shaker in the restaurant. You will now be my Italian friend, Sofia. Now, please start the conversation with a simple remark.

해외 출장! 영어로
멋지게 업무를 처리해요!

UNIT 01

해외 박람회에서 우리 회사를 소개해요

1. 상황 설명

우리 회사는 올해를 기점으로 본격적으로 글로벌 시장에 진출하게 됐어요. 떨리지만 해외 박람회 발표를 맡게 된 나는 열심히 제품 소개를 준비했습니다. 우리 회사 부스에 방문한 고객분들께 제품의 장점이 잘 어필되도록 성심껏 상담해드리려고 해요. 다행히 구매 상담이 많아서 이번 행사는 나름 성공적인 것 같아요.

챗GPT, 오늘은 해외 박람회에서 회사를 소개하는 대화를 나눠보자구!

2. 프롬프트

정해진 프롬프트를 입력한 후 다음 내용을 추가로 입력해서 대화를 이어나가 보겠습니다.

지금부터 해외 박람회에서 우리 회사 소개하기를 주제로 대화를 시작하겠습니다. 현재 장소는 남미의 한 국제박람회장으로, 나는 회사 부스에서 상담을 진행하고 있습니다. 당신은 우리 부스에 방문한 고객이며, 나는 당신에게 회사 제품을 소개합니다. 이제 당신이 먼저 우리 회사에 대해 물어보면서 대화를 시작해주세요.

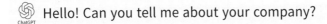 Hello! Can you tell me about your company?

Hello! Sure, I can. We are a manufacturer of sunglasses with a long history of 30 years in the industry.

Sounds impressive. What sets your sunglasses apart?

Their quality and unique designs!

Could you show me some examples?

Of course, these are some of the samples.

These designs look quite unique indeed.

ChatGPT 안녕하세요! 귀사에 대해 설명 좀 해주시겠습니까?

User 안녕하세요! 그럼요, 설명해드리겠습니다. 저희는 30년이라는 긴 역사를 가진 선글라스 제조회사입니다.

ChatGPT 인상 깊군요. 귀사의 선글라스가 타사와 차별되는 점은 무엇인지요?

User 품질과 독특한 디자인이지요!

ChatGPT 실제로 어떤 제품들인지 좀 보여주시겠습니까?

User 물론입니다. 여기 샘플 몇 가지 보여드릴게요.

ChatGPT 정말 디자인이 개성 있군요.

 우리 회사 선글라스 디자인에 관심을 보이는 고객입니다.

 Is there anything specific that you like?

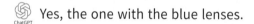 Yes, the one with the blue lenses.

 Awesome. Would you like to try them on?

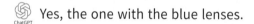 Yes, I'd love to. Thank you.

 Would you like to take one of our company brochures? It also has got our website address you can visit to check out all of our products with great offers.

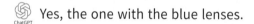 Yes, I'd appreciate that. Thanks.

 Any questions you might have?

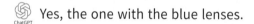 Do you offer any warranty on these?

User	특별히 마음에 드는 제품이 있나요?
ChatGPT	네, 파란색 렌즈로 된 저 제품이 마음에 드네요.
User	그러셨군요. 혹시 써보시겠습니까?
ChatGPT	좋지요. 감사드립니다.
User	저희 회사 브로셔 좀 한 부 챙겨드릴까요? 웹사이트 주소도 적혀 있으니 한 번 방문해 보시면 저희 제품을 좋은 가격대로 만나보실 수 있을 거예요.
ChatGPT	그거 좋은데요. 감사드립니다.
User	그럼 혹시 더 알고 싶은 내용이 있으실까요?
ChatGPT	품질 보증서도 제공되는지요?

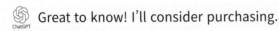 Absolutely. Every product from our company comes with a warranty. You will get one upon purchase!

Great to know! I'll consider purchasing.

User	물론입니다. 저희 회사 제품에는 모두 품질 보증서가 제공됩니다. 제품을 구매하실 때 함께 제공해드리고 있답니다!
ChatGPT	그렇군요! 그럼 제품 구매를 한번 고민해봐야겠습니다.

자, 이렇게 해서 오늘은 부스에 방문한 고객분께 우리 회사의 제품을 설명해봤어요. 챗GPT, 오늘도 수고 많았어!

직접 해보기 - 프롬프트 예시

아래 프롬프트 예시는 한글과 영문이 같은 내용이고 결과도 같으므로 둘 중
하나만 입력해도 됩니다. 원하는 상황으로 설정하여 대화를 시작해보세요.

👤 지금부터 해외 도서전에서 회사 소개하기를 주제로 대화를 시작하
한글 예시 겠습니다. 현재 장소는 유럽 현지의 국제 도서전 행사장으로, 나는
출판사 부스에서 상담을 진행하고 있습니다. 당신은 우리 부스에
방문한 현지인 방문객이며, 나는 당신에게 출판사 책을 소개합니
다. 이제 당신이 먼저 우리 출판사에 대해 물어보면서 대화를 시작
해주세요.

👤 We're starting a conversation about introducing a
영문 예시 company at an international book fair. We're at a book
fair in Europe, and I'm consulting at a publishing booth.
You're a local visitor to our booth, and I'm introducing
our books to you. Please start the conversation by
asking about our publishing company.

해외에서 제품을 구매해
한국으로 보내요

1. 상황 설명

나는 아프리카 출장 중입니다. 이곳의 물가는 비싸지만 꼭 사용하고 싶던 현지의 나무 식기 세트가 있어서 큰맘 먹고 구입했어요. 전자제품이나 일용품 등을 아시아에서 수입하는 일이 더 많은 아프리카이지만, 오늘만큼은 반대로 이곳의 아름다운 수공예 제품을 한국으로 보낼 수 있어 너무나 뿌듯하고 감사한 마음입니다. 무사히 제품 구매를 마치고, 이제 발송하는 일만 남았어요! 상점에서 제품을 챙겨서 현지 우체국에서 배편으로 한국에 택배를 보내려고 합니다. 오래 걸리기로 유명하다고는 해도 소중한 물건이 한국까지 안전하게 도착했으면 좋겠어요.

챗GPT, 오늘은 해외에서 제품을 구매해 한국으로 보내는 여정을 함께 해줘!

2. 프롬프트

정해진 프롬프트를 입력한 후 다음 내용을 추가로 입력해서 대화를 이어나가 보겠습니다.

 지금부터 해외 현지에서 한국으로 제품 보내기를 주제로 대화를 시작하겠습니다. 현재 장소는 아프리카입니다. 나는 한 땀 한 땀 수제로 만든 귀한 나무 식기 세트를 구입해 한국에 배편으로 발송합니다. 당신은 우체국 직원으로 나의 택배 접수를 도와줍니다. 이제 당신이 먼저 대화를 시작해주세요.

회화 예시

ChatGPT　Hello! What can I help you?

USER　Hello, there. I'd like to send the dinnerware set over to S. Korea, please.

ChatGPT　Sure. Do you have the recipient's address?

USER　Yes, I do. It's written on the box. Right there.

ChatGPT　Great. Is this package insured for loss or damage?

USER　No, do you recommend for it to be insured?

ChatGPT　Yes, considering its handmade value, I recommend it.

ChatGPT　안녕하세요! 무엇을 도와드릴까요?

User　안녕하세요. 식기 세트를 한국으로 보내려고 합니다.

ChatGPT　그러셨군요. 수령인 주소를 알려주시겠습니까?

User　네, 그럼요. 상자에 적어두었습니다. 거기 보이시죠?

ChatGPT　좋습니다. 혹시 분실이나 파손 시를 대비해 보험 들어두셨을까요?

User　아뇨, 보험을 드는 게 좋을까요?

ChatGPT　네, 아무래도 수공예품이고 고가이니 가입하시길 추천드립니다.

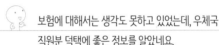
보험에 대해서는 생각도 못하고 있었는데, 우체국 직원분 덕택에 좋은 정보를 알았네요.

250

👤 Can I fill in the document for it here?

💬 Absolutely. Here's the form you need.

👤 I just filled in the form. Here it is.

💬 Perfect. Now let's calculate the shipping fee.

👤 Sounds good to me.

💬 Your total is $75. Will that be cash or card?

👤 Cash, please.

💬 Alright, please hand it over when ready.

👤 There you go.

User	그럼 여기서 바로 서류 작성할 수 있을런지요?
ChatGPT	물론입니다. 이 서류를 작성해주시면 됩니다.
User	서류 작성 완료했습니다. 여기요.
ChatGPT	좋습니다. 그럼 이제 운송료를 계산해드리겠습니다.
User	감사드립니다.
ChatGPT	총 75불이시네요. 현금, 카드 중에 어떤 걸로 계산하시겠습니까?
User	현금으로 하겠습니다.
ChatGPT	알겠습니다. 준비되시면 건네주세요.
User	여기 있습니다.

Thank you. Your receipt is here.

ChatGPT 고맙습니다. 영수증 준비해드릴게요.

이렇게 해서 오늘은 예쁜 수공예 식기를 한국으로 발송해봤습니다. 생각보다 참 쉽지요?

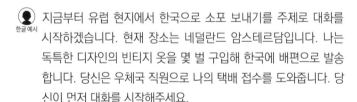
직접 해보기 - 프롬프트 예시

아래 프롬프트 예시는 한글과 영문이 같은 내용이고 결과도 같으므로 둘 중 하나만 입력해도 됩니다. 원하는 상황으로 설정하여 대화를 시작해보세요.

👤 한글 예시
지금부터 유럽 현지에서 한국으로 소포 보내기를 주제로 대화를 시작하겠습니다. 현재 장소는 네덜란드 암스테르담입니다. 나는 독특한 디자인의 빈티지 옷을 몇 벌 구입해 한국에 배편으로 발송합니다. 당신은 우체국 직원으로 나의 택배 접수를 도와줍니다. 당신이 먼저 대화를 시작해주세요.

👤 영문 예시
Europe to Korea. We're in Amsterdam, Netherlands. I'm buying a few pieces of vintage clothing with unique designs to send to Korea by air. You're a post office employee helping me with my parcel. Please start the conversation.

40일 만에 영어가 나온다!

챗GPT 영어회화

UNIT 03

현지 업체와 구매 협상을 해요

1. 상황 설명

나는 온라인 스토어를 운영하는 소매상이에요. 그동안 보수적으로 운영해왔지만, 올해는 큰맘 먹고 품목을 확장하면서 신제품을 소개하기로 했어요. 보통은 구매와 상담 모두 온라인으로 진행하지만 새로운 품목인 만큼 직접 전화 통화로 업체에 문의하기로 합니다. 그동안 여러 업체와 통화해봤지만 외국인과의 협상은 늘 저를 긴장되게 해요. 특히 구매 협상은 막바지까지 손에 땀을 쥐게 하지요. 그렇지만 이번에는 달라요. 챗GPT와 연습할 수 있으니까요.

챗GPT, 오늘은 해외 현지 업체 담당자가 돼서 나와 함께 구매 협상을 진행해보자구!

2. 프롬프트

정해진 프롬프트를 입력한 후 다음 내용을 추가로 입력해서 대화를 이어나가 보겠습니다.

> 지금부터 해외 현지 업체와 구매 협상하기를 주제로 대화를 시작하겠습니다. 현재 장소는 한국의 사무실로 나는 한 해외 의류제조업체 영업 담당자와 전화 통화로 협상을 진행합니다. 당신은 현지의 영업팀 직원이고 나는 물건을 좀 더 저렴하게 구입하고 싶은 고객입니다. 이제 당신이 먼저 간단한 통화 멘트로 대화를 시작해주세요.

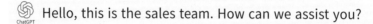 회화 예시

🟢 Hello, this is the sales team. How can we assist you?

👤 Hello. I am DK calling from S. Korea, and I wanted to discuss further about your offer I mentioned in my email the other day.

🟢 Hello, DK. I remember your email. Let's discuss.

👤 Thank you. The only concern that I have is that the suggested price is still a bit high on my part.

🟢 I understand your concern. Let's discuss potential adjustments.

👤 How reasonable of a price can you give to us? Is it possible to go as low as 50 USD, please?

ChatGPT	여보세요, 영업팀에서 받았습니다. 무엇을 도와드릴까요?
User	안녕하세요. 저는 한국에서 전화 드리는 DK라고 합니다. 며칠 전에 이메일에서 언급해드렸습니다만, 귀사의 가격 제안에 대해 논의드리고 싶은데요.
ChatGPT	DK 님, 안녕하세요. 보내주신 이메일 기억하고 있습니다. 상의 가능하세요.
User	감사합니다. 사실 고민이 있다면, 제 입장에서는 귀사에서 제시하신 가격이 여전히 좀 높은 것 같아서요.
ChatGPT	우려하시는 부분 저희도 십분 이해합니다. 잠정적으로 얼마나 조율 가능할지 논의해보도록 하시죠.
User	혹시 어느 정도까지 합리적인 가격으로 제공해주실 수 있을까요? 50달러까지도 가능할까요?

I'd like to help. Let me check our possibilities.

 Can you elaborate, please?

 Certainly. I need to check our costs first.

ChatGPT   제가 한번 알아보겠습니다. 가능성을 타진해보도록 하지요.

User   어떤 말씀인지 좀 더 자세히 설명해주시겠어요?

ChatGPT   물론입니다. 저희 쪽에서 들어가는 비용을 먼저 확인해봐야 할 것 같다는 뜻
이었습니다.

 가격 협상을 할 때는 아무래도 구매 수량과 장기적인 거래 여부도 관
건이 될 수밖에 없겠지요? 아래에서는 그 부분도 한번 문의해볼까요?

 Got you.

 Great. I will get back to you soon.

 When you get back to me, can you provide with more
details on the unit price depending on the purchasing
volume?

User   잘 알겠습니다.

ChatGPT   좋습니다. 저희가 곧 알려드리도록 하겠습니다.

User   혹시 다시 연락 주실 때 구입 수량에 따른 단가 조정 사항도 안내주실 수
있을까요?

Absolutely. I'll provide a detailed price-volume breakdown.

 And are you confident in terms of long-term collaborations for high-quality goods?

 Yes, we're committed to quality and long-term relationships.

ChatGPT 물론입니다. 수량에 따른 가격 변동을 상세하게 정리해드리겠습니다.

User 더불어 귀사의 고품질 제품을 저희에게 장기적으로도 제공해주실 수 있겠는지요?

ChatGPT 그렇습니다. 제품 품질 및 장기 협업 가능성에 있어서는 저희를 믿으셔도 좋겠습니다.

 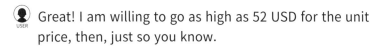
무척 믿음이 가는 거래처입니다. 이쯤해서 우리 쪽에서도 한발 양보하기로 합니다.

 Great! I am willing to go as high as 52 USD for the unit price, then, just so you know.

 Noted. We'll consider your offer seriously.

User 좋습니다! 그럼, 저희 쪽에서는 단가 52달러도 가능할 것 같습니다. 알아두시면 좋을 것 같아서요.

ChatGPT 알겠습니다. 제안해주신 내용 신중하게 검토하겠습니다.

끝까지 확답을 주지 않는 영업팀 챗GPT는 정말 노련한 협상가인 것 같습니다. 어쨌거나 처음엔 55달러를 예상했지만 52달러로 대화를 마무리했으니 우리 쪽에서도 나름 최선의 협상이 된 것 같지요? 양쪽이 윈윈하는 결과가 될 것 같아 흐뭇합니다.

직접 해보기 - 프롬프트 예시

아래 프롬프트 예시는 한글과 영문이 같은 내용이고 결과도 같으므로 둘 중 하나만 입력해도 됩니다. 원하는 상황으로 설정하여 대화를 시작해보세요.

👤 한글 예시
지금부터 해외 현지 업체와 구매 협상하기를 주제로 대화를 시작하겠습니다. 현재 장소는 한국의 회사 사무실로 나는 해외의 원자재 영업 담당자와 온라인 메신저로 1차 협상을 진행합니다. 당신은 현지의 영업팀 직원이고 나는 자재를 좀 더 저렴하게 구입하고 싶은 클라이언트입니다. 이제 당신이 먼저 간단한 인사 멘트로 대화를 시작해주세요.

👤 영문 예시
We're starting a conversation on negotiating purchases with an overseas local company. My current location is a company office in Korea, and I am conducting preliminary negotiations via online messenger with an overseas raw material sales manager. You are a member of the local sales team, and I am a client who wants to buy materials more cheaply. Now, please start the conversation with a simple greeting.

해외에서 현지 인력을 채용해요

1. 상황 설명

우리 회사는 동남아시아 현지에 공장이 있어요. 인력 충원을 위해 오늘은 현지분들을 모시고 한국 본사와 컨퍼런스 콜로 면접을 진행하게 됐답니다. 오후가 되면 면접이 확정된 분들을 맞이해 간단한 음료가 준비된 회의실로 안내할 예정입니다. 그중에서도 위디(Widi) 씨가 제일 먼저 면접을 보게 됐네요. 잠시 물이나 음료를 마시며 가볍게 대화를 나누다 정해진 시간이 되면 한국과 연결해 인터뷰를 진행해야겠습니다.

챗GPT, 오늘은 나와 함께 해외 현지 인력 채용 면접을 진행해보자!

2. 프롬프트

정해진 프롬프트를 입력한 후 다음 내용을 추가로 입력해서 대화를 이어나가 보겠습니다.

지금부터 해외 현지 인력 채용을 주제로 대화를 시작하겠습니다. 현재 장소는 인도네시아 자카르타의 공장 회의실로, 현지 공장에서 일하는 나는 한국과 연결해 후보자의 채용 면접을 진행합니다. 당신은 지금부터 현지인 채용 후보자 위디(Widi) 씨가 돼서 인터뷰 질문에 답변합니다. 이제 당신이 먼저 간단한 인사말로 대화를 시작해주세요.

회화 예시

 Hello, I'm Widi. Nice to meet you.

 Welcome to our company. This is your first time to visit this factory, isn't it?

 Yes, it's my first time here. It's impressive.

ChatGPT　안녕하세요. 저는 위디라고 합니다. 이렇게 만나뵙게 돼 반갑습니다.

User　저희 회사에 방문하신 걸 환영합니다. 저희 공장은 처음이시지요?

ChatGPT　네, 처음입니다. 시설이 참 좋네요.

 이제 서서히 채용 관련 질문으로
옮겨가 보겠습니다.

 I believe your interview was to start at 2 pm?

 Yes, that's correct. I'm ready.

 Great. We will connect with our team over in S. Korea over the phone soon.

User　면접이 오후 2시부터 예정되어 있는 걸로 알고 있는데요.

ChatGPT　맞습니다, 그렇게 알고 있습니다. 저는 준비됐습니다.

User　좋습니다. 그럼 곧 한국에 있는 팀과 전화로 연결해보도록 하겠습니다.

262

Sounds good. I'm looking forward to it.

ChatGPT 알겠습니다. 기대하고 있겠습니다.

 자, 이제 한국에 있는 팀과도 전화 연결이 됐습니다.
그럼 본격적인 면접을 시작해볼까요?

 It's now connected. I think we are ready to start the interview. Are you also ready to start, Mr. Widi?

 Yes, I'm ready. Let's begin.

User 연결됐네요. 이제 저희 쪽에서는 준비가 다 됐고요. 위디 씨도 이제 질문에 답할 준비가 되셨나요?

ChatGPT 네, 준비됐습니다. 시작하도록 하시죠.

 본격적으로 면접을 이어가봅니다.

Shall we, then? First, please give a brief introduction of yourself.

User 그럼, 시작하겠습니다. 먼저 간략한 자기소개 부탁드릴게요.

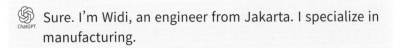

Sure. I'm Widi, an engineer from Jakarta. I specialize in manufacturing.

Awesome. What do you know about our company so far?

You're a leading tech company, known for quality products.

Great. How do you expect your working with our company will help us?

I can bring innovation and efficiency to your manufacturing process.

Are you also familiar with the Korean work culture?

Yes, I've studied it. I respect its emphasis on teamwork.

ChatGPT 알겠습니다. 저는 위디라고 하고요. 자카르타 출신 엔지니어입니다. 제조업이 전문 분야입니다.

User 좋습니다. 그럼 혹시 저희 회사에 대해서는 좀 알고 계실까요?

ChatGPT 업계를 선도하는 기술 기업이라고 알고 있습니다. 제품 품질도 뛰어나고요.

User 좋습니다. 그럼 귀하가 당사에서 일하게 된다면 어떤 점을 기여하실 수 있겠는지요?

ChatGPT 제조 공정을 혁신적이고 효율적으로 변화시켜드리겠습니다.

User 그럼, 한국의 업무 문화에도 혹시 익숙한가요?

ChatGPT 네, 알아봤습니다. 팀워크를 강조한다고 알고 있으며, 그 점을 존중합니다.

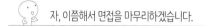

Sometimes, you may also need to work longer hours, depending on the production volume and schedule.

I understand. I'm committed to meeting deadlines.

User 부득이하게 업무 시간이 길어지는 경우도 있어요. 생산량이나 일정 관계 때문에요.

ChatGPT 이해합니다. 저는 마감 일정을 잘 지킵니다.

자, 이쯤해서 면접을 마무리하겠습니다.

Thank you for your time. We will be in touch over the next few days.

Thank you. I look forward to hearing from you.

User 이렇게 시간을 내주셔서 고맙습니다. 저희가 며칠 내로 연락드리겠습니다.

ChatGPT 감사합니다. 연락 기다리고 있겠습니다.

현지 인력을 채용하는 면접관이 됐거나, 반대로 여러분이 영어로 면접을 보러 가는 입장이 라고 하더라도 챗GPT가 세련되고 정확한 대본을 만들어주니 준비하는 시간이 훨씬 줄어들 것 같지요? 물론 실제 회사나 실시간 현지 실정에 관한 정보는 별도로 자료 검색을 해야겠지만, 이미 가지고 있는 정보를 기반으로 영어로 대본을 만드는 것이라면 우리의 챗GPT 가 신통방통하게 도움을 줄 것입니다. Good luck! 면접, 파이팅!

직접 해보기 - 프롬프트 예시

아래 프롬프트 예시는 한글과 영문이 같은 내용이고 결과도 같으므로 둘 중 하나만 입력해도 됩니다. 원하는 상황으로 설정하여 대화를 시작해보세요.

👤 한글 예시 지금부터 해외 현지 인력 채용을 주제로 대화를 시작하겠습니다. 현재 장소는 미국의 애틀란타 공장 회의실로, 현지에서 일하는 나 는 한국과 연결해 후보자의 채용 면접을 진행합니다. 당신은 지금 부터 현지인 채용 후보자 브래들리(Bradley) 씨가 돼서 인터뷰 질 문에 답변합니다. 이제 당신이 먼저 간단한 인사말로 대화를 시작 해주세요.

👤 영문 예시 We're starting a conversation about local recruitment abroad. We're in a factory meeting room in Atlanta, USA, where I work locally and conduct a job interview with a candidate connected to Korea. From now on, you'll be Bradley, the local job candidate, answering interview questions. Now, please start the conversation with a simple greeting.

Chapter 11

이후의 영어 공부 방법

그간 여러 회화 상황을 공부하느라 정말 수고 많았습니다. 필요한 부분만 찾아 읽은 분도 있을 것이고, 대부분 예시를 직접 챗GPT와 실습해 보며 이 장까지 도달한 분도 있을 것입니다.

이 책은 다양한 회화 예시 문장을 직접적으로 수록하기보다는, 여러분이 어떻게 하면 챗GPT로부터 예시 문장을 뽑아낼 수 있는지를 보다 중점적으로 다뤘습니다. 즉, 생선을 맛있게 요리해주는 책이 아니라 물고기를 잡는 방법을 알려드리는 책이라 할 수 있겠습니다.

여러분은 이미 챗GPT에게 상황을 부여하며 나만의 원어민 영어 과외 선생님으로 활용하는 방법을 능숙하게 다룰 줄 알 것입니다. 여기서 더 나아가, 여러분의 영어 회화 실력을 조금씩 다듬어나갈 수 있도록 다양한 방향으로 챗GPT를 활용해보기를 바랍니다.

챗GPT는 엉터리 영어로 대답해도 절대 화를 내지 않습니다. 영어로 대화를 나누는 도중, 갑작스레 한국어로 말을 걸어도 짜증내지 않고 친절하게 설명을 이어가고요. 이처럼 유용한 AI를 활용해서 인간인 나의 실력을 향상시킨다니 무척이나 낭만적이지 않나요?

추후 연습을 통해 어느정도 즉각적으로 문장을 만들어내는 것에 익숙해졌다면, [부록 2]를 참고하여 확장 프로그램을 설치해보기를 바랍니다. 챗GPT에게 귀와 입을 달아주는 도구랍니다. 손가락으로 문장을 만들어내는 대신, 입술과 혀를 움직이며 살아 있는 영어를 연습할 수 있습니다.

누군가는 챗GPT에 막연한 두려움을 느끼고 있을 것입니다. 누군가는 자신의 자리를 AI에 대체당할 수도 있겠다는 생각에 위기감을 느낄 것이고요. 하지만 여러분은 챗GPT가 '나의 성장을 도와줄 수 있는 유용한 도구'라는 점을 충분히 이해하고 있을 겁니다. 이것만으로도 여러분은 이미 남들보다 앞서가고 있는 중이라고 확신합니다.

여러분의 성취와 성공을 진심으로 응원합니다.

40일 만에 영어가 나온다!
챗GPT 영어회화

부록

1. 가족이나 찐친에게 쓰기 좋은 더 허물없는 인사말 패턴

Hey!

헤이!

격식: ★☆☆☆☆
빈도: ★★★★★

What's happening?

무슨 일이야?

격식: ★☆☆☆☆
빈도: ★★★☆☆

How's life?

생활은 어때?

격식: ★☆☆☆☆
빈도: ★★★☆☆

How's it hanging?

어떻게 지내?

격식: ★★☆☆☆
빈도: ★★☆☆☆

How's tricks?

어떻게 지내?

격식: ★☆☆☆☆
빈도: ★★☆☆☆

What's the good word?

뭐야, 좋은 소식 있어?

격식: ★☆☆☆☆
빈도: ★★☆☆☆

What's the latest?

근황이 어때

격식: ★☆☆☆☆
빈도: ★★★☆☆

How's your world?

격식: ★☆☆☆☆
빈도: ★★☆☆☆

세상살이는 어때

격식 없이 가까운 사이에서 사용할 수 있는 인사 패턴입니다. 실제로 여러분들이 사용할 일이 많지는 않겠지만, 패턴을 익혀둔다면 위와 같은 말로 친근하게 인사를 건네는 외국인의 인사를 알아들을 수 있겠지요?

2. 모든 자리에서 비교적 편하게 쓸 수 있는 인사말 패턴

Hi, how are you?

격식: ★★★☆☆
빈도: ★★★★★

안녕, 어떻게 지내?

Hey, what's up?

격식: ★★☆☆☆
빈도: ★★★★☆

안녕, 무슨 일 있어?

Hi, how's your day going?

격식: ★★★☆☆
빈도: ★★★★☆

안녕, 오늘 하루 어땠어?

Hey, how's everything?

격식: ★★☆☆☆
빈도: ★★★☆☆

안녕, 모든 게 잘 되고 있어?

Good to see you.

만나서 반가워요.

격식: ★★★★☆

빈도: ★★★★☆

Long time no see.

오랜만에 보네.

격식: ★★★☆☆

빈도: ★★★☆☆

How have you been?

어떻게 지냈어?

격식: ★★★☆☆

빈도: ★★★★☆

What have you been up to?

최근에 어떤 일 하고 있었어?

격식: ★★☆☆☆

빈도: ★★★☆☆

매우 일반적으로 사용되는 패턴입니다. 대부분의 영어 문화권에서 사용할 수 있으며, 상황에 따라 조금씩 표현이 달라질 수 있습니다.

3. 예의를 차려야 할 경우 사용하기 좋은 격식 있는 인사 패턴

Good morning / afternoon / evening.

좋은 아침(오후/저녁)입니다.

격식: ★★★★★

빈도: ★★★★★

How do you do?

잘 지내시지요?

격식: ★★★★★

빈도: ★★★☆☆

It's a pleasure to meet you.

만나서 반갑습니다.

격식: ★★★★★
빈도: ★★★★☆

I hope you're doing well.

무탈하게 잘 지내고 계시길 바랍니다.

격식: ★★★★☆
빈도: ★★★★☆

I trust you are well.

건강히 잘 지내고 계시리라 믿습니다.

격식: ★★★★★
빈도: ★★★☆☆

It's been a while since we last met.

마지막으로 뵌 지 시간이 꽤 흘렀네요.

격식: ★★★★☆
빈도: ★★★★☆

I hope this day finds you well.

오늘이 좋은 날이길 바랍니다.

격식: ★★★★☆
빈도: ★★★☆☆

How are you been keeping?

요즘 어떻게 지내고 계신가요?

격식: ★★★★☆
빈도: ★★★☆☆

It's great to see you again.

다시 뵙게 되어 반갑습니다.

격식: ★★★★☆
빈도: ★★★★★

공적인 자리에서 사용하기 적합한 인사 패턴입니다. 비즈니스, 발표회, 시상식 등에서 사용하기에도 적절합니다. 수능 공부로 단련된 한국인에게는 익숙한 표현이 많을 텐데요, 아무래도 교과서나 시험 문제에서 허물없이 사용할 수 있는 구어체를 접할 기회가 부족하기 때문일 것입니다. 매우 가벼운 자리에서 위와 같은 인사를 건네면 상대방이 당황할 수도 있습니다.

4. 다음에 또 만나요! 작별 인사 패턴!

Catch you later!
다음에 또 봐요!

격식: ★☆☆☆☆
빈도: ★★★★☆

See ya!
또 봐!

격식: ★☆☆☆☆
빈도: ★★★★★

Take it easy!
잘 있어요!

격식: ★★☆☆☆
빈도: ★★★☆☆

Goodbye!
잘 지내!

격식: ★★★☆☆
빈도: ★★★★★

See you soon!
조만간 또 봐요!

격식: ★★☆☆☆
빈도: ★★★★★

Have a good day!
좋은 하루 되세요!

격식: ★★☆☆☆
빈도: ★★★★☆

It was a pleasure meeting you.
만나 뵈어 즐거웠습니다.

격식: ★★★★★
빈도: ★★★☆☆

I look forward to our next meeting.

다음에 만날 날을 기대하겠습니다.

격식: ★★★★★
빈도: ★★☆☆☆

Take care and farewell.

그럼 잘 지내시고 건강 잘 챙기세요.

격식: ★★★★☆
빈도: ★★☆☆☆

5. 편한 자리에서 사용할 수 있는 소개 패턴

Hi, I'm 〈이름〉.

안녕, 나는 〈이름〉이야.

격식: ★★☆☆☆
빈도: ★★★★★

Hey, there! I'm 〈이름〉, nice to meet you.

안녕! 나는 〈이름〉이야, 만나서 반가워.

격식: ★★☆☆☆
빈도: ★★★★☆

What's up? I'm 〈이름〉.

안녕! 나는 〈이름〉이야.

격식: ★☆☆☆☆
빈도: ★★★☆☆

I'm 〈이름〉, by the way.

근데, 내 이름은 〈이름〉이야.

격식: ★★☆☆☆
빈도: ★★★★☆

Call me 〈이름〉.

나를 〈이름〉이라고 불러줘.

격식: ★★☆☆☆
빈도: ★★★☆☆

You can call me 〈이름〉.

나를 〈이름〉이라고 불러도 돼.

격식: ★★☆☆☆
빈도: ★★★★☆

Hey, I don't think we've met. I'm 〈이름〉

안녕, 우리 처음 만나는 것 같은데. 나는 〈이름〉이야.

격식: ★★☆☆☆
빈도: ★★★★☆

I'm 〈이름〉. And you are?

나는 〈이름〉이야. 너는?

격식: ★★☆☆☆
빈도: ★★★★☆

편한 자리에서 내 이름을 소개할 때 사용할 수 있는 패턴입니다. 여행지에서 만난 또래에게, 혹은 같은 수업을 듣는 친구들에게 사용하기에 적절합니다.

6. 언제 어디서나 무난하게 쓸 수 있는 자기 소개 패턴

Hello, my name is 〈이름〉.

안녕하세요, 제 이름은 〈이름〉입니다.

격식: ★★★☆☆
빈도: ★★★★★

Please to meet you, I'm 〈이름〉.

만나서 반갑습니다. 제 이름은 〈이름〉입니다.

격식: ★★★★☆
빈도: ★★★☆☆

Let me introduce myself, I'm 〈이름〉.

제 소개를 드리겠습니다, 저는 〈이름〉입니다.

격식: ★★★☆☆
빈도: ★★★★☆

I'm 〈이름〉, nice to meet you.

저는 〈이름〉입니다, 반갑습니다.

격식: ★★★★☆
빈도: ★★★☆☆

비교적 격식이 있는 표현이라 언제 어디서 사용해도 결례가 되지 않는 유용한 표현들입니다! 친구 사이에도 쓸 수 있으며 소개팅이나 업무 회의, 처음 만나는 사람과 예의를 차리기 위한 상황 등 비교적 다양한 곳에서 사용할 수 있습니다.

7. 예의를 차려야 할 경우 사용하기 좋은 격식 있는 인사 패턴

Good day, my name is 〈이름〉, It's a pleasure to meet you.

안녕하세요, 제 이름은 〈이름〉입니다. 만나서 반갑습니다.

격식: ★★★★★
빈도: ★★★☆☆

I am [이름]. I am pleased to make your acquaintance.

저는 〈이름〉입니다. 만나 뵙게 되어 반갑습니다.

격식: ★★★★★
빈도: ★★★☆☆

Please allow me to introduce myself, my name is [이름].

제 소개를 드려도 되겠지요, 저는 〈이름〉입니다.

격식: ★★★★★
빈도: ★★☆☆☆

I believe I haven't introduced myself yet. I'm 〈이름〉.
격식: ★★★★☆
아직 제 소개를 드리지 않았지요. 저는 〈이름〉입니다.
빈도: ★★★☆☆

It is a pleasure to meet you, I am [이름].
격식: ★★★★★
만나 뵙게 되어 기쁩니다, 저는 〈이름〉입니다.
빈도: ★★★☆☆

I have the pleasure of being [이름].
격식: ★★★★★
저는 〈이름〉이라고 한답니다.
빈도: ★★☆☆☆

평상시에는 거의 활용할 일이 없는 문장들입니다. 하지만 중요한 발표 하루 전 날이나, 시상식 직전 하나를 골라 외워둔다면 요긴하게 써먹을 수 있습니다.

8. 식당에서 하기 좋은 질문 패턴

Does this dish contain cilantro?
이 요리에 고수가 들어가나요?

Do you have any spicy food?
매운 음식도 있나요?

Can you recommend a dish that is not spicy?
안 매운 요리 좀 추천해 주시겠어요?

Do I have to pay for refills on side dish?

반찬 리필은 유료인가요?

What types of alcohol do you have?

술은 어떤 종류가 있나요?

What kind of soft drinks do you have?

탄산음료는 어떤 종류가 있나요?

Can I get this dish to go?

이 메뉴 포장이 가능한가요?

Does this dish have any fish in it?

이 요리에 생선이 들어가나요?

9. 일상의 상거래 활동에서 쓰기 좋은 패턴

How much is it in total?

다 합해서 얼마예요?

Where is 〈제품명〉?

〈제품명〉은 어디에 있나요?

Could I get a disposable bag too?

일회용 봉투도 주실래요?

Do you accept ⟨카드사 이름⟩ cards?

⟨카드사 이름⟩ 카드로 계산할 수 있나요?

When will you restock ⟨제품명⟩?

⟨제품명⟩ 재고는 언제 다시 들어오나요?

Where is the Korean food section?

한식 코너는 어디에 있나요?

Where are the shopping carts?

쇼핑 카트는 어디에 있나요?

Which one is popular these days?

어느 제품이 요즘 잘 나가나요?

10. 스몰토크를 위한 질문 패턴

Nice weather, isn't it?

날씨 참 좋네요, 그쵸?

Do you come here often?

여기 자주 오세요?

Have you ever talked with a Korean person?

한국인이랑 대화해본 적 있어요?

Do you live around here?

이 근처에 사세요?

What do you usually do on weekends?

주말에는 주로 뭐 하세요?

Have you ever tried Korean food?

한국 음식 드셔 보셨어요?

Can you recommend some local food, that I may enjoy?

제가 좋아할 만한 이곳 음식을 추천해 줄래요?

11. 허락 구하기 패턴

Can I eat this?

이거 먹어도 돼요?

Can I touch this?

이거 만져봐도 돼요?

Can I go to the restroom?

화장실 좀 다녀와도 될까요?

Can I take a quick phone call?

잠깐만 통화 좀 하고 와도 될까요?

Can I try this too?

저도 이거 해 봐도 될까요?

Can I smoke here?

여기서 흡연이 가능한가요?

Can I take a picture?

사진 좀 찍어도 될까요?

Where's the trash can?

쓰레기통이 어디 있나요?

12. 이거 좀 도와주세요! 도움 요청 패턴

Please help, I suddenly feel sick.

도와주세요, 갑자기 아파요.

I have lost my wallet, please help.

지갑을 잃어버렸어요, 도와주세요.

Can you tell me the way to <장소>?

〈장소〉까지 가는 길 좀 알려주실래요?

Can I borrow your phone for a call?

전화 한 통만 빌려주실 수 있을까요?

Please call the police.

경찰 좀 불러주세요.

Please call an ambulance.

구급차 좀 불러주세요.

부록 2 챗GPT와 목소리로 대화를 나눠 보자

1. 크롬 확장 프로그램 설치

여러분이 입으로 발음한 음성을 챗GPT가 알아들을 수 있다면 어떨까요? 반대로 챗GPT가 텍스트가 아니라 목소리로 여러분에게 대답을 해준다면요? 세상에서 가장 스마트한 영어 선생님과 음성 대화를 주고받는 것도 가능해지겠지요? 스피킹과 리스닝 훈련도 할 수 있을 것입니다.

챗GPT에게 입과 귀를 달아주도록 하겠습니다. 여러분이 사용하는 브라우저의 종류에 따라 조금씩 설정 방법이 달라질 수 있으므로 천천히 따라오세요.

<마이크로소프트 엣지의 경우>

브라우저 우측 상단에 위치한 점 세개 모양 [더 보기] 메뉴(⋯)를 클릭합니다.

팝업 메뉴에서 [확장] 메뉴를 클릭합니다.

팝업 메뉴에서 [확장 관리]를 클릭합니다.

[Chrome 웹 스토어] 메뉴를 클릭합니다.

≡ **확장**

🔍 설치된 확장 검색

확장 기능을 사용하여 브라우저 개인 설정
확장은 브라우저 환경을 사용자 지정하고 더 많은 제어를 가능하게 하는 간단한 도구입니다. 자세히 알아보기

설치된 확장

확장자가 설치되어 있지 않습니다.

Microsoft Edge용 확장 가져오기

원하는 항목을 찾을 수 없나요? Chrome 웹 스토어에서 확장 프로그램을 가져올 수도 있습니다.

아래와 같은 안내 메뉴가 상단에 표시되면서 크롬 웹 스토어로 페이지가 이동합니다.

🔵 이제 chrome 웹 스토어의 확장을 Microsoft Edge에 추가하고 ' Chrome에 추가'를 클릭할 수 있습니다.   ×

마이크로소프트사의 엣지를 사용하는데 왜 크롬 스토어가 뜨는 걸까요? 간략하게 소개하자면, MS사는 구글 크롬과의 <2차 브라우저 전쟁>에서 참패하며 자체 브라우저 개발을 포기했습니다. 그리고 구글이 만든 크롬의 엔진을 받아와 엣지 브라우저를 만들었지요.

즉, 엣지 브라우저의 심장은 크롬이라는 뜻입니다. 덕분에 엣지에서도 크롬용 확장 프로그램을 다운로드해 설치할 수 있습니다.

이어서 검색창에 "ChatGPT Voice Master"를 검색하고, 아래 사진에 표시된 앱을 클릭합니다.

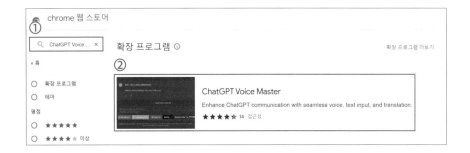

페이지 우측 하단에 표시된 개발자의 아이디가 <jiayq007>로 일치하는지
확인하기 바랍니다.

개발자 정보가 일치한다면 앱 소개페이지 상단의 [Chrome에 추가] 버튼
을 클릭해서 앱을 설치합니다.

팝업창이 발생하는데 [확장 추가] 메뉴를 클릭합니다.

설치가 완료됐음을 알리는 팝업이 표시됩니다.

설치가 완료되면 주소창 우측에 퍼즐 모양의 아이콘이 새롭게 생겨납니다. 이 아이콘을 클릭하면 확장 프로그램 관리 탭이 표시되는데요, <ChatGPT Voice Master>가 정상적으로 표시되는지 확인해주세요.

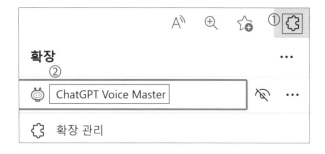

이로써 플러그인 설치가 끝났습니다.

<크롬의 경우>

주소창 상단에 위치한 점 세 개 표시 [더 보기] 버튼을 클릭합니다.

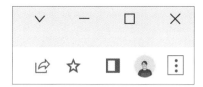

이어 팝업 메뉴에서 [확장 프로그램] > [확장 프로그램 관리] 메뉴를 클릭합니다.

상단의 메뉴 버튼을 클릭합니다.

[Chrome 웹 스토어 열기] 메뉴를 클릭합니다. 크롬 웹 스토어로 이동하는데, 이후 앞에서 소개한 엣지 브라우저에서의 설치 과정을 참고하여 <ChatGPT Voice Master> 플러그인을 설치합니다.

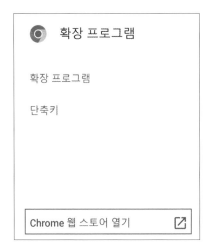

주소창 옆에 퍼즐 아이콘(★)이 표시되고, 이 아이콘을 클릭했을 때
<ChatGPT Voice Master> 앱이 표시된다면 설치가 완료됐습니다.

2. 마이크 액세스 설정 방법

사용에 앞서 아래 그림과 같이 혹시 주소창에 마이크 아이콘과 X 표시가
떠 있는지 확인해주시기 바랍니다. 아래 아이콘은 "현재 웹사이트에서 마
이크 사용 금지" 모드가 설정되어 있다는 뜻입니다.

아이콘을 클릭하면 팝업창이 표시됩니다. [항상 마이크 액세스 허용] 메뉴
를 클릭해주세요.

그리고 하단의 <마이크> 항목을 선택해서 여러분의 PC에 연결된 마이크 중 어느 기기를 사용할지 결정할 수 있습니다. 만약 이 항목에 아무런 기기가 표시되지 않고 있다면 컴퓨터에 연결된 마이크가 없거나, 연결이 잘못됐다는 뜻이므로 확인이 필요합니다.

설정을 변경한 뒤에는 챗GPT 서비스에 다시 접속해야 합니다.

3. ChatGPT Voice Master 설정

플러그인 설치 완료 후 챗GPT 서비스에 접속하면 화면 하단에 새로운
메뉴가 생겨나 있습니다. 이 메뉴들을 사용해서 챗GPT와 회화 연습을
진행할 것입니다.

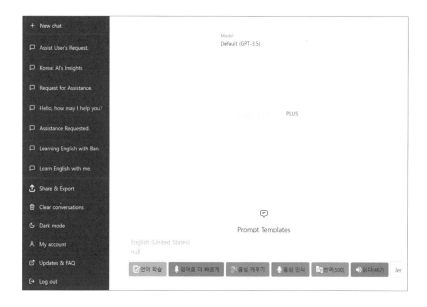

❶ 보안 설정

먼저 퍼즐 모양의 <확장> 아이콘을 클릭한 뒤, <Voice Master> 앱의 우측 메뉴 버튼을 클릭합니다. 그리고 [확장 관리] 메뉴를 클릭합니다. 사용에 앞서 확장 프로그램의 설정을 진행하겠습니다.

<사이트 액세스> 설정이 <모든 사이트에서>로 설정되어 있습니다. 아무래도 중국산 앱을 모든 사이트에서 허용하는 것은 개인정보 보안 측면에서 바람직하지 않으므로, 이 설정을 변경하겠습니다.

[모든 사이트에서] 메뉴를 클릭하고 팝업에서 <특정 사이트에서>를 선택합니다.

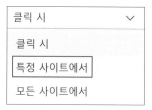

팝업창에서 챗GPT 주소를 입력하고 [추가] 버튼을 누릅니다. 이제 다시 챗GPT 화면으로 돌아오겠습니다.

❷ 언어 설정

현재 기본 학습 언어는 미국식 영어로 설정되어 있습니다. 채팅창에도 <English(United States)>라고 기재된 것이 보이나요? 만약 미국식 영어 외의 다른 언어를 선택하려면 하단 메뉴에서 [언어 학습] 버튼을 클릭합니다.

다양한 언어가 표시되어 있습니다. 인도나 캐나다식 영어뿐 아니라, 아예다른 나라의 언어도 지원합니다. 여러분의 취향에 맞게 언어를 선택해주세요. 이 책에서는 미국식 영어를 사용합니다.

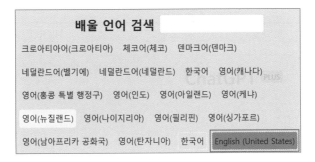

❸ 성우 설정

기본으로 설정된 성우가 영어식 발음이 어색할 수 있습니다. 예를 들면, 한국어 성우에게 영어 발음을 시킬 경우 정직한 국어식 발음으로 영어를 읽어줍니다.

따라서 영어권 성우로 변경해야 원활한 영어식 발음을 들을 수 있습니다. 위 성우 명단은 윈도우에 기본으로 탑재된 가상 성우의 이름입니다. 예를 들면 Guy와 Aria는 미국식 영어 성우이며 Jenny는 윈도우의 기본 언어로 발음하는 성우입니다.

모든 성우의 이름과 국가를 외울 수 없으므로, Multilingual 성우인 두 번째 항목을 선택하겠습니다.

❹ 말하기 속도 설정

설정 창 가장 우측에서 말하기 속도를 설정할 수 있습니다. 영어 듣기가 낯선 분은 말하기 속도를 0.8 정도로 설정하는 것을 추천합니다. 익숙해 질수록 조금씩 속도를 높여 나가봅시다.

4. ChatGPT Voice Master의 사용 방법

이제 설정이 끝났으니 사용 방법을 설명하겠습니다.

❶ 자동 번역

플러그인 설치 이후 채팅창이 두 줄로 나누어졌습니다. 위쪽 줄에 영어로 문장을 입력하면, 아래쪽 줄에는 자동으로 한글 번역이 표시됩니다.

물론 고속 자동 번역이라 번역의 품질이 그렇게 뛰어나지는 않습니다.

❷ 챗GPT의 답변 자동 번역

챗GPT의 영어 답변을 자동으로 한국어로 번역해주는 기능도 탑재되어 있습니다.

USER Hi. Would you like to help me learn how to speak English?

ChatGPT Of course! I'd be happy to help you learn English. Where would you like to start? Do you have any specific goals or areas you would like to focus on?

물론! 영어 학습에 도움이 됐으면 합니다. 어디에서 시작하시겠습니까? 집중하고 싶은 구체적인 목표나 분야가 있나요?

❸ TTS(Text to Speech)

챗GPT의 답변을 자동으로 영어로 읽어줍니다. \<Jenny Multilingual> 성우 모델의 경우, 꽤나 유창하고 자연스러운 영어 억양을 구현해주기 때문에 Listening 연습을 위한 도구로 사용하기에도 손색이 없습니다.

❹ 목소리 입력

하단의 [음성 인식] 버튼을 누릅니다.

채팅창 전체가 붉은색으로 변합니다.

탭 상단에도 붉은색 동그라미가 표시되며 마이크가 활성화되었다는 표시가 나타납니다.

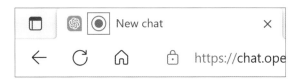

이 상태에서 여러분이 영어로 말씀하면, AI가 자동으로 이를 인식해서 채팅창에 기록해줍니다.

발언이 끝났다면 회색으로 변한 [음성 인식] 버튼을 다시 눌러 녹음을 중단합니다.

여러분이 말한 문장과 번역문이 채팅창에 자동으로 입력됩니다. 이어서 Enter↵ 키를 누르면 챗GPT에 말을 걸 수 있습니다.

40일 만에 영어가 나온다!

챗GPT 영어회화